착한
불륜,
해선 안 될 사랑은 없다

착한 불륜, 해선 안 될 사랑은 없다

설미현 지음

책미래

착한 불륜, 해선 안될 사랑은 없다

1판 1쇄 인쇄 | 2014년 8월 22일
1판 1쇄 발행 | 2014년 8월 29일

지은이 | 설미현
주   간 | 정재승
교   정 | 정영석
디자인 | 배경태
펴낸이 | 배규호
펴낸곳 | 책미래

출판등록 | 제2010-000289호
주   소 | 서울시 마포구 공덕동 463 현대하이엘 1728호
전   화 | 02-3471-8080
팩   스 | 02-6353-2383
이메일 | liveblue@hanmail.net

ISBN 979-11-85134-15-4 03180

국립중앙도서관 출판시도서목록(CIP)

착한 불륜, 해선 안 될 사랑은 없다 / 지은이: 설미현.
-- 서울 : 책미래, 2014
    p. ;   cm

표제관련정보: 다양한 사랑의 모습, 그 안에서
성장한 사람들에 관한 이야기
ISBN 979-11-85134-15-4 03180 : ₩14000

사랑[愛]
자기 성장[自己成長]

181.71-KDC5
152.41-DDC21   CIP2014024227

프롤로그

이 책에 실린 열여섯 편 에세이는 2010년 가을부터 2014년 여름에 이르기까지 계간 《다시올 문학》에 〈사랑을 통한 그들의 위대한 성장〉이란 제목으로 연재되었던 것을 새롭게 고쳐서 쓴 글들이다. 원래 "불륜도 사랑이라 불릴 수 있는가?"란 짧지만 강한 의문에서 시작한 이 연재물은 우리에게 잘 알려진 사람들의 사랑을 재조명해서 그 사랑이 어떻게 그들의 삶과 성장에 영향을 미쳤는지 스토리텔링으로 설명한다. 그렇다 보니 중수필과 경수필, 평전을 삼각형으로 이은 도형 안 어느 지점에 글의 성격이 위치하고 있다. 간단히 사랑이라고 말했지만, 사실 그것은 집착으로 인해 비뚤어졌거나 이데올로기에 반(反)하거나 심지어 반도덕적인 불륜 혹은 삼각관계일 때도 있다. 그래도 그들의 삶에서 사랑이었다면, 사랑이라고 불러주기로 한다. 처음 지었던 제목이 어쩐지 신파조로 들리는 탓에, 좀 더 간결하되 다양한 사랑 이야기를 모두 감싸 안을 수 있고 그러면서도 동시대인들의 마음에 진실하게 가닿을 만한 좋은 제목이 없을까 고민하다가 《편견 없는 사랑》으로 책이름을 지었고, 후에 출판 과정에서 이를 《착한 불륜》으로 고쳤다. 그리고 각 에세이를 쓰는데 영감을 수었던 에피소드를 다룬 경수필이나, 아니면 각 에세이를 쓰고 나서 그 후속격으로 썼던 경수필과 리뷰들을 선별하고 다듬어서 미셀러니로 이름 붙이고 에세이들 사이에 집어넣었다. 그렇게 해서 열여섯 편의 중수필과 열여섯 편의 경수필이 짝을 이뤄서 총 서른두 편의 수필이 이 책에 실리게 되었다.

첫 책을 내고서 논문을 쓰고 졸업을 하고 취직을 하고 임신과 출산을 거치면서 문학을 생각할 여유가 너무 부족했었다. 첫 책을 내고 겨우 작가정신에 대해서 배우게 됐지만 바로 실천할 물리적 시간 역시 부족했었다. 그러나 좋은 면도 있어서, 나는 충분히 고민했고 글을 연습하고 다시 겸허해질 수 있는 시간을 벌 수 있었다. 아기가 조금 자라고 나서 보육 시설이나 베이비시터 이모 손에 아기를 잠시 맡기고, 이태원으로, 북촌으로, 도서관으로, 카페 몬스터로, 제프리 꽃카페로, 원고를 들고 많이도 돌아다녔다. 가능한 한 열린 공간에 나를 두고 자유롭게 생각하려고 애썼다. 글의 얼개를 짜고 비문을 고치고 더 나은 사진을 찾고 전체 내용의 구성을 고민하는 노력을 기울이면서, 이 무형의 원고가 다시금 책으로 태어나는 행운이 따르길 간절히 바랐었다.

이 책이 나왔다는 이야기는 그 행운이 정말로 따랐다는 이야기이다. 부족한 원고를 받아들여 주시고 책으로 탄생시켜 주신 나의 마법사 지니 책미래 출판사의 대표님과 직원 여러분에게 진심으로 감사를 표한다. 덕분에 더 넓은 세상으로 나아갈 수 있는 징검다리 돌을 또 하나 놓을 수 있게 됐다. 작가에게 이보다 더 고마운 일이 또 있겠는가.

무엇보다 모자란 데가 많은 글을 아껴 주시고 귀한 시간을 내어 읽어 주시는 독자 여러분께 진심으로 고개 숙여 감사를 표하고 싶다. 훌륭한 작가들이 많은 이 세상에서 내 글을 선택하고 읽어 주시며 그 위로 보내 주신 격려와 관심이 아니었더라면, 나는 용기를 내서 여기까지 올 수 없었을 것이다. 정말로 감사드린다.

그리고 사랑하는 내 가족에게 감사를 전한다. 꼬마였던 나를 앉은뱅이 책상 앞에 앉히고 차근차근 글짓기를 가르쳐 주셨던 어머니께 가장 큰 감사를 올린다. 어린 시절 어머니가 내 속에 뿌려 주셨던 글의 씨앗이 차츰 초목으로 성장하여 지금 이렇게 글 쓰는 사람이 될 수 있었다.

끝으로 십 년간 내 곁에서 함께 길을 걸어준 나의 반려자 제프 차오와 칠 년을 기다려서 만난 우리의 아기 유카이—태어나자마자 내 삶의 전부를 차지해 버린, 아마도 내 평생을 영원히—에게 내 모든 사랑을 보낸다.

앞으로 나는 몇 권의 책을 더 쓸 수 있을까. 얼마나 더 나아갈 수 있을지 내 자신도 모르지만, 힘이 닿는 한, 열정이 남아 있는 한 계속해서 인연을 소중히 여기면서 써 나갈 것이다. 더 좋은 글을 쓰기 위한 고민, 그리고 사람의 마음을 위로하기 위한 노력, 평생 멈추지 않을 것이다.

2014년 8월 10일
청량리의 홍릉 곁에서

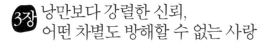

작고 강한 나의 우주,
유카이에게

1장

예술적 영감의 원천,
불륜이라도
멈출 수 없는 사랑

1. 한나 아렌트의 금기를 깨는 사랑

들어가며

한나 아렌트는 어떤 추종자들에게는 그의 유명한 사랑을 언급하는 것조차 불경스럽게 생각될 수 있을 만큼 위대한 철학자이다. 나 역시 한나 아렌트를 경외하는 한 사람으로서, 그의 사랑을 부각시켜 여기에 언급하는 것은, 그 사랑을 평가절하하기 위해서가 아니라, 그 사랑이야 말로 그를 위대한 철학자가 되게 한 평생의 원동력이었다고 생각하기 때문이다. 내 생각엔, 그의 사랑이 '지적 교류'라 불리든 '불륜'이라 비난받든, 그의 감정을 사회적 기준으로 판단하는 것은 중요한 문제가 아니다.

여기 내가 기존의 평전 작가들과 하나 다르게 생각하는 것이 있다면, 나는 "그가 사랑했던 것이 하이데거라는 사람이었다기보다는, 하이데거를 사랑했던 그의 마음, 그 사랑 자체였다."라고 생각한다는 점이다.

출생배경

대철학자 칸트가 출생하고 평생을 살아간 쾨니히스베르크에서 유년
시절을 보낸 총명하고 지적인 소녀가 할 일이 '순수이성비판'에 일찍 눈
뜨는 것 말고 다른 것이 있었을까. 땅에도 기운이 있음을 새삼 깨닫게
된다. 1906년에 태어나 14세에 칸트를 접한 소녀는, 15세에 부당한 교사
의 권력에 대항하여 '불의에 대한 불복종과 저항'을 주도하다 퇴학을 당
한다.

보통 사람이라면 이런 인생의 시기를 맞으면 좌절하고 범인(凡人)이
되었을 수도 있는데, 그는 조금도 굴하지 않고 퇴학당한 후 베를린 대
학에서 강의를 들었고, 이후 학교로 돌아와 고등학교 졸업자격시험에
응시하게 해달라고 요청하여 1924년 마르부르크
대학에 합격한다. 그리고 그곳에 하이데거가,
1922년부터 최고의 지성으로 군림해 온 그가 있
었다. 하이데거를 만나게 되면서, 그는 한나 아렌
트의 사고와 운명 전반을 지배하게 된다.

나는 이 시절 한나 아렌트가 곤경을 뚫고 나
올 수 있었던 것은 전적으로 가족의 힘이라고 생
각한다. 자녀가 학교에서 이사장과 교장을 상대

한나 아렌트(1906~1975)

로 불리한 싸움을 신념 하나로 전개할 때, 그것을 전폭적으로 지지해 줄 수 있을 만큼 용감하고 의식 있는 부모는 전 지구상에 과연 몇이나 될까. 보통 부모라면 권력에 맞서 저항하기보다는 대충 돈이나 접대를 통해 무마시켜 보려고 할 것이 틀림없다. 어떻게든 고등학교는 나오게 해야지 하는 마음으로 억울함을 누르고 먼저 무릎을 꿇을 수도 있다. 그 방식이 틀렸다는 것이 아니다. 그것 역시 자녀를 사랑하는 방식이고 숭고한 부모의 희생일 수 있으나, 이런 과정을 거치게 되면 자녀가 불의를 보고도 굴복하고 타협해야 한다고 배우게 될 수도 있다. 이런 경우 그 부모 역시 성장하면서 어느 시점에 불의와 싸워 봤자 나만 손해라는 것을 배웠기에 그렇게 행동했을 가능성도 높다.

어린 시절의 한나 아렌트와 그의 어머니

한나 아렌트와 그의 가족들은 정면 돌파를 선택했다. 여기 아니면 학교 없냐는 식으로 아예 베를린으로 떠나 버렸고, 이는 부유한 양아버지와 강인한 어머니의 전폭적인 지지가 있었기에 가능했다. 로자 룩셈부르크의 열렬한 지지자였던 어머니의 성향으로 미루어 볼 때 당연한 것으로, 어쩌면 한나 아렌트는 그 저항 사건이나 칸트를 공부하기 훨씬 이전부터 어머니로부터 더 많은 것을 교육받았을 것이라고 생각된다.

그렇기에 나는 1924년―아렌트가 불의를 상대로 펼쳤던 작은 저항에서 승리한 해를 기점으로, 그 전은 어머니 마르타 아렌트가, 그 후는 마르틴 하이데거가 그녀의 정신적 스승이었다고 해야 옳다고 생각한다. 다시 말하자면, 한나 아렌트의 전 생애를 하이데거가 지배했다기보다는 하이데거는 그가 인생 전반에서 만난 스승 중 하나였다고 본다. 사진을 보면 어머니는 그냥 봐도 무척 강해 보인다. 어머니의 선이 굵은 이목구비가 인상적이다.

하이데거를 만나다

물론 하이데거를 만나지 않았더라면, 한나 아렌트의 사상과 삶이 달라졌을 것은 확실하다. 심지어 아렌트는 하이데거를 도망치다시피 떠날 때에도 결국 하이데거의 소개로 야스퍼스를 만나게 된다. 또 다른 위대한 지성인 그를 만나서 학문의 끝을 맺을 수 있었던 것은 또 하나의 행운이다. 로댕을 만난 카미유 클로델은 그 재능을 펼쳐 보지도 못하고 비참하게 일생을 마치지 않았던가. 야스퍼스가 동시대에 살고 있었고, 하이데거가 한나 아렌트로부터 영감을 받기만 하지 않고, 그의 미래를 위해 놓아주는 정도의 이성은 있었다는 것에 감사해야 할 노릇이다. 실제로도 하이데기는 공개적으로 한나 아렌트를 만났던 시기인 "1923년에서 1928년까지의 기간이 자신에게는 가장 자극적이고 가장 침착하며 가장 파란만장한 시기였다."라고 말한 바 있다.[1]

두 사람의 관계는 1924년부터 1928년까지 4년 동안 지속되었다. 그때 이미 하이데거는 결혼을 했었고, 그 결혼을 깰 생각은 전혀 없었다(최고의 지성이고 뭐고 간에, 당최 아가씨를 만나는 유부남들은 백 중 아흔아홉은 다 이런 식이니 젊은 처자들은 유부남과 연애하며 아까운 청춘을 썩혀서는 아니될 노릇이다). 이동희 박사는 자신이 쓴 평전에서, 1925년 당시 아렌트가 쓴 '무제' 라는 시를 소개하며 그의 갈등 어린 마음을 대변하고 있다.

사랑에 빠졌던 시절, 싱그럽고 풋풋한 한나 아렌트의 모습(1928)

부끄럽게, 마치 비밀처럼
당신은 왜 나에게 손을 내미는지요?
당신은 우리의 포도주를 알지 못할 만큼
그렇게 먼 나라에서 온 사람인가요?

　대학교 2학년 여학생의 첫사랑은 얼마나 뜨거웠을까. 게다가 사랑하는 상대는 그가 공부하려고 하는 학문 영역에서 최고의 지성인이다. 그 상대가 결혼했다는 이유만으로 그의 사랑을 거부하는 것은 쉽지 않았을 것이다. 특히 아렌트처럼 지성을 갈망하는 사람에게는, 자신을 알아봐 줄 사람을 찾았고 그의 곁에 있을 수 있다는 것이 얼마나 커다란 유혹으로 다가왔겠는가.

자신을 알아보는 사람을 만난다는 것은 그 순간 온 우주가 잠시 그 만남을 경외하며 멈춰줄 만큼 경이로운 순간이다. 《동무와 연인》을 쓴 김영민 교수는 이 감정을 두고 '지적 반려자에 대한 확신은 무섭도록 상대를 고집하게 만드는 것'이라고 꼬집어 말했다. 지성에 목마른 자는, 음식보다 돈보다 명예보다, 그것에 더 집착하기 마련이다.

나는 이 시간이 아렌트가 위대한 철학자(정작 스스로는 자신을 정치이론가로 지칭하였지만)로 성장하기 위해 필수불가결한 운명적 시간이었다고 생각한다. 최고의 교수에게 배우는 것은 그를 사랑하지 않고서도 할 수 있다. 그러나 그 배움의 과정에서—지성뿐만 아니라 감정까지 배우며—아파하고 깨어지고 고뇌하고 괴로워하는 것은, 사랑을 직접 해보지 않고서는 알 수 없는 노릇이다.

나는 한나 아렌트가 15세 때 당돌하게 주도했던 저항을 생각해 볼 때, 올바른 것에 대해 민감했던 사람이었기에 18세부터 22세 사이에 겪어내야 했을 감정의 소용돌이가 그를 몹시도 힘들게 했을 것이라 생각한다. 옳지 않은 것이라고 생각을 얼마나 여러 번 했겠는가. 그럼에도 멈출 수 없는 자신의 뜨거운 마음이 얼마나 고통스러웠겠는가. 앞에 소개된 시는 그런 고통을 수십 번 곱씹은 후에 겨우 하나 나온 글일 것이다. 벗어나기 위해서는 카미유 클로델처럼 미치거나, 아니면 다른 곳으로 떠나야만 했다. 그래서 그는 야스퍼스에게서 배우게 되고, 결혼은 박사학위를 딴 이듬해 1929년 귄터 슈테른과 하게 된다. 그러나 결혼생활은 순탄치 않았고 파경을 맞았다. 이후 그는 1940년에 만난 시인이자 철학자인 하인리히 블뤼허와 재혼하여 1970년에 블뤼허가 사망할 때까지 함께 해로하게 된다.

자신이 불합리한 행동을 할 수도 있다는 걸 배우는 것은 놀라운 경험이다. 무너지는 자아로 인해 지독하게 고통받으면서도, 그럼에도 머물러 있어야 했던 그 무엇이 있었다면, 그것이 하물며 그 자신을 위대한 지성으로 성장하게 하는 발판이 되었다면, 그 불합리함을 멈출 수가 없었을 것이다. 그 대형사고를 겪으면서 그는 무슨 생각을 했을까? 하루에도 수십 번 깨어지고 수십 번 좌절했을 것이 분명하다. 나는 한나 아렌트가 그 과정을 통해 다른 사람들은 보지 못한 그 무엇을 분명 발견했을 것이라고 생각한다. 불륜으로 상처받은 아가씨로 남기에 아렌트는 너무 총명하고 반짝이는 보석이었다.

훗날 아렌트는 그의 저서《예루살렘의 아이히만(1963)》에서 "자신이 만난 아이히만이 평범한 소시민이었을 뿐 악마의 화신이 아니었으며, 사유가 결여되어 있었기에 자신이 악행을 하는지 몰랐을 뿐이다."라고 '악의 평범성' 주장을 펼치면서 유태인 사회로부터 '유태민족에 대한 애정을 결핍한 자'로서 파문을 당하게 된다.[2] 나는 아렌트가 불륜으로 비난받았던 초기 시절과, 민족에 대한 배반으로 파문당했던 후기 시절이, 서로 경험선상에서 맞닿아 있다고 생각한다. 한 사람의 행동을 판단하는 것은 사회의 가치판단인데, 그것은 옳을 수도 있고 그를 수도 있다. 유태인이 아닌 사람이 그의 저서를 읽었더라면 매우 고차원적인 생각이라고 감탄할 수도 있는 일을, 유태인들은 결코 용서할 수 없는 일이라 했다. 마찬가지로 지금 이 순간 벗어날 수 없는 어떤 굴레의 사랑을 하고 있는 사람들은 분명히 한나 아렌트가 젊은 시절 뜨겁게 했던 불륜이란 이름의 사랑을 이해할 수 있을 것이다. 단지 불륜에 빠진 사람들은 쉬쉬하고 살기에 공감을 보낼 수 없고, 유태인들은 전 세계에 퍼져서 버젓이 살기 때문에 한번 목소리를 모았다 하면 제법 큰 것뿐이다.

오십 년 후

사실 이 글을 쓰고 싶어서 다른 사람들이 쓴 글을 이리저리 읽어 보니, 한글이고 영문이고 간에 한나 아렌트와 하이데거의 사랑에 관한 견해는 몹시 분분했다. 아예 사랑 부분은 쏙 빼고 그의 철학과 사상만을 숭배하듯 써 놓은 글도 있었고, 대놓고 오십 년을 이어진 사랑이라고 강조를 거듭하는 글도 있었다. 대학교 시절 사랑한 시간은 일 년 정도뿐이고 나머지는 그냥 교류한 거라고 서술한 글도 있고, 한마디로 남의 사랑을 놓고 야단법석이었다. 난 이런 것도 당연하다고 생각한다. 그 둘이 얼마나 뜨겁게 사랑했는지, 얼마나 서로 헤어나오고 싶어 괴로워했는지, 서로 잊고 싶어서 미워했는지, 그 마음을 남들이 어떻게 알겠나.

나는 둘이 사랑한 기간이 1924년부터 1928년일 것이라고 한 이동희 박사를 신뢰하기로 했는데, 지독한 사랑을 몇 번 해본 경험자로서(유부남과는 없으니 오해하지 마시길), 첫눈에 반한 사랑은 그의 곁을 물리적으로 떠나기 전까지는 결코 끊어질 수가 없다고 생각하기 때문이다. 그러므로 둘이서 하이데거 교수실에서 만나 불꽃을 튀기고 아렌트가 가까스로 야스퍼스 교수에게로 옮아간 시기까지가 설득력이 있다고 본다.

한편 나는 그들의 사랑을 오십 년 동안으로 보는 견해에 대해서는 통속적으로 보여 못마땅하다. 한나 아렌트는 1940년부터 1970년까지 블뤼허와 삼십 년 동안 반려자로서 살았다. 그 사랑이 뜨거웠을지 어떠했을지는 알 수 없으나, 이런 건 또 삼십 년쯤 살아본 부부라면 알 것이다. 거기에는 사랑 그 이상의 어떤 이해와 애정이 깃들게 마련이다. 그러한 남편의 존재를 무시하고 두 사람은 오십 년을 잊지 못했다고 쉽게 발언하는 것은 경솔한 일이다.

아마 2차세계대전 종전 이후 한나 아렌트가 사상과 신념에 반(反)하여 하이데거를 변호한 것을 두고 그렇게들 생각한 모양인데, 내 생각은 다르다. 하이데거는 자신의 청춘을 점유한 남자이기 이전에, 자신의 인생을 펼쳐 준 스승이었다. 그가 없었더라면 야스퍼스도 없었고, 야스퍼스를 못 만났더라면 오늘날의 아렌트도 없었을 것이다. 나는 한나 아렌트가 하이데거를 위해 변호한 것은, 그가 자신의 지난 감정에 대해 담담해졌고, 잘못을 저질렀다고도 볼 수 있는 자신과 상대를 용서하는 경지에 이르렀기에 가능했을 것이라고 본다. 사람과 사람 사이에 감정이 싹트고 관계가 생성될 때 오로지 사랑만 있을 것이라고 생각하는 것은 착각이다. 사랑이 제일 지배적 감정일 수는 있으나, 사랑을 연결시켜주는 것은 의리, 동반, 신뢰, 지성 이런 멋진 것들로부터 동업, 생계,

경제, 성적욕구 뭐 이런 말초적인 것까지 다양하게 뒤섞여 존재하는 법이다.

오십 년의 연애를 화두로 관심을 끌어보려고 안달이 났던 통속의 절정으론 카트린 클레망이 2003년 쓴 《마르틴과 한나》가 압권이다. 이 소설에는 병상에 드러누운 하이데거는 정작 나오질 않고 한나 아렌트가 죽음을 목전에 둔 하이데거를 병문안 와서 그의 부인인 엘프리데와 설전을 나누는 장면만이 나온다. 작가는 한나가 유명한 철학자이었기에 엘프리데가 무지한 가정주부로서 하이데거의 지적 성장을 막은 존재로 오해받는 것을 딱하게 생각하여, 한나와 엘프리데를 여자 대 여자로 보고 서로 정부와 본처로 만나 대립하는 장면을 서술했다고 한다.

거두절미하고 지나친 비약이다. 1970년 남편이 죽고, 오 년간 혼자 지내던 아렌트가 1975년 하이데거를 찾아간 것은 결코 쉬운 결정이 아니었을 것이다. 정말 그가 죽음을 앞두고 있다는 것을 직감하고 마지막 죽음의 순간을 위로하고, 자신 역시 그가 죽은 후에 후회하지 않기 위해 찾아갔지 않았겠나. 그 나이에, 그 시간에 거기까지 가서 왜 본처와 설전을 벌이겠나. 정말 소설가적 상상력이 도를 넘었다. 내 눈에는 클레망이 생각은 참신하게 한 것 같으나, 아렌트의 깊은 생각은 선혀 이해를 하지 못하고, 그저 그의 명성도에 기대어 인기를 얻어 보려고 한 것으로밖에 안 보인다. 그게 아

하이데거(1889~1976)의 모습

니라면 클레망의 어머니가 아버지의 바람으로 오래 힘들어했던 것을 곁에서 봐 온 거나 아닌지 모르겠다.

이후 정말로 호사가들이 입방아를 찧기 좋은 드라마틱한 죽음이 그들 앞에 펼쳐졌는데, 아렌트가 1975년 8월 병상에 누워 있는 하이데거를 찾아간 지 넉 달 만에, 12월 아렌트가 심장마비로 먼저 죽는다. 하이데거는 휠체어에 앉아 장례식장을 찾았고, 이듬해 5월 사망한다. 이를 두고 마치 하이데거를 만났기 때문에 아렌트가 심장 발작을 일으킨 것처럼, 크게 의미를 부여해서 호들갑을 떤 기사들, 다 반성할지어다. 대체 어디에 그렇게 생각할 고리가 있어서 그렇게 엮는단 말인가. 오비이락(烏飛梨落)을 값싸고 선정적인 인과관계(因果關係)로 몰고가려 드는 세속적 관심은 진실을 왜곡하게 마련이다. 게다가 아렌트는 죽은 후에 남편이 항상 일하던 대학교가 보이는 언덕에 묻혔다. 제아무리 위대한 지성인들의 사랑이었다고 해도 풋사랑 어린 시절의 그 감정이 삼십 년 결혼생활을 지속했던 부인에게 하나도 변하지 않은 채 전해질 거라고 믿는 것은 정말이지 철이 없어 보인다. 그 감정이 다 사라지지야 않았겠지만 똑같기야 하겠는가. 그 감정이 어떤 형태로 남아 있은들, 현재를 바꿀 힘이 있겠는가.

맺으며

사랑만큼 격심한 성장통을 수반하고 사랑만큼 많은 것을 한순간에 가르치는 좋은 수업이 또 있을까. 나는 아렌트와 하이데거가 만났던 한 때가 두 사람에게 발전과 타격을 한꺼번에 안겼을 거라고 생각한다. 지적인 성장을 함께 이루었으되, 사회적인 관념에 반하는 자신들의 선택에 분명 갈등했을 것이다. 그러나 아렌트로서는 분명 자신을 용서하고 남을 이해하는 눈을 배웠을 것이며, 그것이 후일 그가 폭넓게 사고하는 데 큰 영향을 미쳤을 것이라 생각한다.

결국 두 사람의 만남, 사랑, 이별은 보통 사람들이 겪는 감정사와 다름이 없으되, 다만 그 두 사람은 자신의 감정을 그대로 내버려 두지 않고 더 깊이 있는 지성으로 승화시킬 줄 아는 사람들이었기에 더욱 발전할 수 있었던 것이다. 불륜으로 끝나버리고 말았을 수도 있는 한 만남이 인류의 철학사를 바꾸어놓는 획기적인 사건이 될 수 있었던 것이다. 두 사람의 만남은 분명 두 사람의 생각을 성장시키고 일구어내는 질료의 작용을 했을 것이다. 부조리한 상황에서 탄생하는 절대 진리의 미덕. 정-반-합을 통해서 성장이 이루어진다고 말한 헤겔 철학을 다시 한 번 떠올리며 여기서 글을 줄인다.

출처

〈1〉《시민사회신문》의 〈철학여행까페[88] 저항적이지만, 명민한 여학생-한나 아렌트 [1]〉에 실린 이동희 박사의 글에서 인용

〈2〉 서경희 교수의 '시민단체의 제도권 진출을 보며, 아렌트를 만나다'에서 인용

〈3〉 〈아렌트 모녀〉, 〈1928년의 한나 아렌트〉는 이동희 박사의 글 〈저항적이지만, 명 민한 여학생-한나 아렌트〉에 삽입된 것으로 저자와의 협의를 통해 허락을 구하 였음을 밝힙니다.

〈4〉 한나 아렌트와 하이데거 사진은 검색으로 다량 추출되는 바 공공이미지로 판단 하여 따로 출처를 밝히지 않았습니다. 이것은 이 책의 다른 에세이들에도 똑같 이 적용됩니다.

미셀러니 1 몰입과 투사

　내가 첫 수필집을 냈을 때, 심한 우울증을 앓고 있었다는 것을 아는 사람이 몇 명 없었다. 우울증이 약할 때엔 감기 걸려 기침하듯이 앓게 된다. 정도가 조금 심해지면 주변에 털어놓으며 도움을 청하게 된다. 아플 때 지인들에게 어느 병원이 좋냐, 어떤 약이 듣느냐, 이런 걸 물어보게 되는 것과 같은 이치이다. 그런데 우울증이 아주 심해지면 어디에도 말할 마음이 없어진다. 그냥 아프다고만 생각했는데, 병원에 갔다가 덜컥 종양이나 암 같은 것이란 얘길 듣게 되면 아무리 강단있는 사람도 패닉에 빠지게 마련이듯, 심한 우울증은 노력을 기울일 의지 자체를 상실하게 되기 때문에 위험한 병이다.

　당시 내 우울증은 꽤 심해서, 나는 학교에도 가지 않고 집에서만 머물렀다. 그렇다고 집에서 공부를 했느냐면 그것도 아니고, 그럼 영화나 드라마를 보든가 책을 읽는 등 (학교를 안 가니 갑자기 넘쳐나게 된) 여가를 즐겼는가 하면 그것도 아니다. 나는 의미 없이 드라마를 틀어 놓고 그 앞에 쓰러져 멍하니 있거나, 기력이 조금 생기면 잠을 잤다. 이 문장이 오류같이 여겨지지만, 정말로 잠을 잘 수 있는 기력조차 부족해서 밥도 먹지 않고 그냥 누워만 있기 일쑤였다. 조금 몸이 편해진다 싶으면 그제시야 눈을 감고 잠시나마 잘 수 있는 것이있다.

　우울증의 직접적인 원인은 불임이었다. 지금에야 간단하게 털어놓는 단어이지만, 그 당시에는 이 단어를 바깥에서 누군가에게 듣게 되는 것이 두려웠다. 병원에는 육 개월 정도를 다녔는데, 여러 가지 방법을 차례대로 써봤지만, 아기는 내게 오지 않았다. 시험관 시술을 하고 난할이 시작된 수정란의 사진을 받았는데, 울컥 눈물이 쏟아졌다. 미국 병원에서는 심으면 식물이 자라나는 씨앗 같은 것을 주었었다. 나는 씨앗이 죽는 것도, 아기가 생기지 않는 것도 다 두려웠기에 그것을 심지 않았다. 결과적으로 잘한 일이었다. 심었더라면 눈으로 보이는 상실감이 더 컸을 것이다. 씨앗이 죽었더라면 '아기도 그래서였나'라고 생각했을 것이고, 씨앗이 살았더라면 '너는 살았는데 내 아기는 왜'라고 생각했을 것이다. 한국 병원에서는 오늘의 이 작은 씨앗인가 노력인가가 크게 꽃 피우길 바란다든가, 뭔가 그런 감성을 자극하는 문구를 수정란 사진에 적어서 건네 주었다. 나는 그래서 감성 마케팅을 질색한다. 사람의 감수성을 건드려서 억지로 감동하게 하려드는 그런 마케팅—결국은 물건을 팔고자 하는 상행위—에 어쩔 수 없다는 것을 알면서도 내 눈물을 내어주는 것이 못내 분하다.

중증의 우울증이 그렇듯이 다른 원인들도 겹쳐져 있었다. 인도네시아에서 일 년간 밤낮 없이 일하고 허구한 날 비행기를 타고 돌아다니며 쌓인 피로가 격심했다. 그리고 그 뒤 시애틀의 학교로 돌아와 갑작스럽게 아무것도 안 하고 손 놓게 된 것이 문제였다. 다시 논문을 시작해야 하는데, 뜨거운 열대의 노동 모드에서 한랭한 온대의 연구 모드로 내 자신을 휙 스위치 돌리듯 바꿔놓는 것이 매우 어려웠다. 재밌는 것은 이 원인들도 역시 심리적인 것에 가까운데도, 불임으로 인해 받은 상처에다 대면 도리어 물리적인 상처처럼 여겨졌단 사실이었다. 나는 그렇게 2009년에서 2010년으로 오는 겨울 내내 집에서 모든 불을 끈 채 웅크리고 있었다. 우리 집 내부에는 2층으로 가는 하얀 계단이 있었는데, 저기다 끈을 매어놓으면 어떤 모양이 될까 이런 위험한 생각들도 했었다. 꾸준하고 성실한 성격인 남편이 혼자서도 부지런히 학교에 가고 오후가 되면 돌아오는 생활을 하지 않았더라면 진짜 문제가 생겼을지도 모르겠다. 남편이 돌아온다고 해서 강아지처럼 들러붙어 화색이 돌거나 하는 것은 아니었고, 되려 고양이처럼 가르릉거리며 내 공간을 계속 맴돌았지만, 그래도 동거인이 있는 것과 없는 것은 커다란 차이가 있었다.

이런 엄청난 좌절과 잉여, 누구에게로 향하는지 알 수 없는 원망 등이 글로 쏟아졌다. 글을 쓰면 나아질까 이런 기특한 생각을 한 것도 아니었다. 논문은 하얀 화면 위에서 커서만 깜빡깜빡, 단 한 줄도 써 낼 수가 없던 시간이 몇 달을 지나갔다. 아예 푹 쉬면 나아질까 싶어서 영화도 보고, 책도 보고, 게임도 해보고, 이런저런 방법들을 다 써봤지만 회복될 기미가 없었다. 혹시 이것은 되려나 싶어서 글을 쓰고, 오래 전에 써 놓았던 글을 고쳐 쓰면서 처음으로 원고란 것을 만들어보았다. 아무것도 할 수 없던 무기력 상태에서 단지 이 글쓰기는 가능했다. 그래서 이것을 붙들었다. 죽을 마음도 없었고, 살아서 아기도 꼭 낳고 싶었고, 못 마친 공부도 꼭 마쳐서 학위도 따고 싶었다. 그러나 내가 해야 한다고 생각하는 이런 것들은 모두 진행 불가능 상태였다. 그래서 나는 과감하게 내 비정상의 상태가 풀릴 때까지, 구원의 동앗줄을 붙잡듯이 글쓰기에 매달리기로·결심했다.

그 시간 '한나 아렌트의 금기를 깨는 사랑'을 쓰는 일은 나에게 구원이 되어주었다. 나는 몰입감을 이용하여 젊은 시절의 한나 아렌트 속에 나를 투사하였고, 위엄이 넘치는 하이데거 교수를 그의 연구실에서 처음 만났다. 그가 나를 좋아한다는 느낌을 받았고, 그와 벌이는 지적 대화가 좋아서 자꾸만 그의 방에 발을 들여놓았다. 그는 나를 지도해 주었고, 나는 그의 지식을 흡수하는 데 모든 열성을 쏟았다. 마침내 지적 반려자를 발견했다는 기쁨이 큰 만큼, 그가 가정이 있는 남자란 사실이 무겁게 다가왔다. 그런데도 하이데거 교수는 계속해서 손을 내밀었다. 나는 그 손을 뿌리칠 수가 없었다. 그러기엔 이미 나도 그를 좋아하고 있었다. 어쩐지 그는 내 친아버지를 닮기도 했다. 내 양아버지는 좋은 사람이었지만, 나는 가끔 친아버지와 살았더라면 어땠을까를 생각해보기도 했었다. 하이데거 교수는 어딘가 내 아버지에 대한 기억을 불러일으키는 면이 있었다. 아무래도 이 비밀스러운 사랑에서 쉽게 빠져나올 수는 없을 것 같다.

투사하는 과정을 좀 더 생생하게 구체화하기 위해, 나는 내가 알고 있는 이야기와 경험들, 그리고 거기서 받은 느낌들을 총동원했다. 아직 여고생일 때 학교 선생님이 독서실에 바래다주면서 호젓한 밤길에 내 손을 꼭 잡아주었던 일이나 나중에 과외 선생님이 편지를 주면서 나를 깊이 마음에 담고 있다고 고백했던 일 등에서 연애 감정을 취하고, 대학원생 때 지도교수님 방에서 몇 시간씩 논문지도를 받던 기억 같은 것에서 지적 성취감을 취했다. 나는 이 위대한 여성 정치철학자의 삶을 왜곡하고 싶지 않았고, 그의 마음을 완전히 이해하여 그의 편에 서고 싶었다. 누구나 살면서 실수는 저지를 수 있되, 그것을 계기로 도약하는가 후퇴하는가, 그 차이에 따라 위인과 범인이 결정된다고 믿었다. 나는 젊은 한나 아렌트의 거침 없는 지적 연애가 그를 위인으로 도약시켜 주었다고 믿었고, 그 사고 같았던 사건이 그의 인생 전반에 걸쳐 내내 영향을 미친 것이라 확신하게 되었다.

이런 식으로 나는 계속해서 클라라 슈만과 브람스에게로, 그 다음 조르주 상드와 쇼팽에게로 다시 넘어갔다. 몰입과 투사를 이용한 글쓰기가 내가 글을 쓰는 동안 서서히 나를 치유해 주었다. 이 시리즈물 에세이의 후반부로 갈수록 글의 몰입도가 조금씩 떨어지는 것은 그래서이다. 치유가 자연적으로 진행되어 갈수록 몰입과 투사의 강도가 점점 엷어지기 시작했다는 것을 부인하기 어렵다. 그래도 나는 아직도 쓰고 있다. 위인에게도, 평범한 우리들에게도 일어날 수 있는 치명적 연애와 왜곡된 사랑들에 대해서. 거기서 발견할 수 있는 특별한 생의 의미에 대해서.

끝으로 남아프리카 공화국의 더반에 출장갔을 때 겪었던 일을 적는다. 길었던 회의를 마치고 피곤한 걸음을 옮기며 회의장 마당으로 나갔다. 누군가 담배를 피웠고 유리로 된 재떨이를 탁자에 놓았다. 그리고 떠났다. 바람이 불었다. 내 옷자락이 바람에 날렸고 나는 지친 다리를 이끌고 빈 의자에 앉았다. 물을 꺼내 마셨고, 물통을 탁자에 놓았다. 갑자기 바람이 세게 불어왔고 물통이 넘어지더니 재떨이를 쳤다. 바닥에 떨어지며 산산조각 난 재떨이. 사랑이 어느 날 사고처럼 일어나는 것은 이와 비슷한 것이라 생각되었다.

2. 브람스와 슈만 부부의
제도적 관념을 뛰어넘은 사랑

들어가며

내가 좀 더 어렸던 시절엔, 한 사람이 한 사람에게 바치는 애정은 숭고하리만치 깨끗한 감정일 수 있다고 믿었었다. 이상주의적인 데가 다분히 있는 내 성향 때문이었을 텐데, 나는 브람스의 사랑이 그 좋은 증거라고 믿었고, 그의 소품들을 들으면서 그가 한 위대한 피아니스트이자 현모양처였던 클라라에게 바쳤던 연정을 연상하곤 했던 것이다.

그러던 것이 지금에 와 장년으로 진입하며 생각해 보니, 내가 생각했던 것은 인간의 세계에서는 별로 가능하지 않다는 생각이 들었다. 한 사람을 몇십 년 마음에 담을 수는 있겠지만, 그렇더라도 다른 사람을 만나보는 일은 당연히 일어날 것이며, 결혼생활에 신의를 지킬 수는 있

로베르트 슈만(1810~1856)과 클라라 슈만(1819~1896) 그리고 요하네스
브람스(1833~1897)

겠지만, 그 마음이 가끔 다른 사람에게 흔들리는 일이 수십 년 안에 단
한 번도 일어나지 않는다는 법이 없다는 생각이 들었기 때문이다. 우리
가 어떤 사랑을 예찬할 때엔, 그럼에도 불구하고 한 사람이 다른 한 사
람에게 꾸준한 애정을 전해왔기 때문일 것이고, 그만큼 그것이 매우 어
려운 것이기 때문일 것이다.

　내가 제목에다 적은 '제도'란 결혼을 뜻한다. 슈만 부부의 사랑은 결
혼하기 위한 노력에서 출발해서 그 결혼을 지키기 위한 노력으로 이어
졌고, 브람스의 사랑은 결혼에 가로막혔으나, 그는 그만의 방식으로 사
람들의 관념을 뛰어넘은 사랑을 지속시켰다. 말하자면 결혼제도는 그들
세 사람이 관계를 맺고 사랑을 주고받는 데에 가장 영향력 있는 사회
적 변수 중 하나였던 것이다.

　그런데 브람스 + 슈만 + 클라라의 연관검색어로 세 사람의 사진을 검
색해보니 맨 위와 같은 사진이 뜨는 것이, '이것이 결혼이로구나' 하는

생각이 들었다. 죽어서도 부부는 함께한 사진 속에. 그들과 사랑과 신뢰를 나누었던 독신 음악가는 그들의 옆에, 그러나 다른 공간에. 어쩌면 클라라를 더 많이 더 깊이 사랑했던 사람은 브람스일지도 모르는데 말이다.

로베르트 슈만, 클라라를 만나다

슈만은 음악가로서 보기 드물게 지성과 교양을 두루 겸비한 이였다. 서점을 하던 아버지의 영향을 받아 문학에도 소양이 깊었고, 음악적 재능도 뛰어나서 열두 살 때부터 작곡을 시작하였다. 그의 어머니는 아들이 법학을 하길 바라서 슈만을 라이프치히 대학의 법학과로 보냈으나, 그는 그곳에서 음악에 조예가 깊은 법대 교수한테 배우면서 음악에 대한 열정을 놓지 않았고, 하이델베르크로 옮긴 후에도 음악론 저서까지 펴낸 법과교수 밑에서 공부하면서, 음악 공부를 더 많이 할 수 있게 되었다. 이러한 그의 배경으로 인하여, 그는 '음악가란 주문을 받아 작곡을 하는 장인'이란 인식이 강하던 시대에, 그의 '사상에 기반하여 작곡을 하는 지성인'으로 자리매김하게 되었던 것이다.

본격적으로 음악가의 길로 들어선 슈만은 피아노 교수 비크의 문하생이 되어 그의 집을 드나들게 되었고, 그곳에서 클라라를 만나게 된다. 1830년 슈만이 스무 살, 클라라가 열한 살 때였다. 1838년 서로 깊이 사랑하고 있음을 깨닫게 된 두 사람은 비크 교수에게 결혼을 허락해

달라고 하지만, 비크 교수는 이 결혼을 결사반대하고 결국 두 사람은 1840년 법정까지 가서야 비로소 법에 의해 결혼을 허락받을 수 있었다. 십 년간의 만남이 어렵게 결혼으로 이어진 셈이다. 이때 슈만은 클라라에게 결혼 선물로 피아노 한 대를 선사했는데, 소설가 조경란은 이 장면을 이렇게 묘사했다.

슈만이 어렵게 모은 돈으로 새 그랜드 피아노를 선물하자 그녀는 "이 세상에서 가장 행복한 사람은 바로 내가 아닐까요?"라며 감격했다.

스물한 살의 사랑이란 누구에게나 이렇게 순수하고 무조건적인 아름다운 감정인 것 같다. 클라라도, 한나 아렌트도, 그녀들이 주체할 수 없는 사랑에 빠졌을 때 모두 스물한 살이었다. 여담으로, 이 피아노는 클라라가 죽은 후에 브람스가 사용하였다. 이 세 사람의 사랑을 모두 기억하고 있었을 그 피아노에 대한 감상이 스친다. 마치 〈레드 바이올린〉이란 영화를 연상케 한다.

슈만 부부의 결혼생활

이들의 결혼생활은 1854년 슈만이 유전적 정신병을 앓기 전까지 표면적인 문제 없이 이어져 나간다. 두 사람의 결혼생활이 어떠했는가에 대해서는 의견이 분분한데, 정신병동에 입원하기 전까지는 한없이 행복했다는 사람들도 있고, 그건 표면적인 연기였을 뿐 그녀의 천재성을 결혼이라는 굴레로 인해 맘껏 펼쳐보지 못했던 클라라에게 이 결혼은 무덤이었다는 그런 주장도 있었다. 김정운의 칼럼 같은 경우엔, 아예 '난봉꾼 슈만'을 만나 '불행했던 클라라'라는 표현까지 등장한다. 나는 이것이 지나치게 감정적인 표현이라고 생각하지만, 만일 사실이라면 정말로 사랑의 부질없음에 애통해해야 할 노릇이다. 어쨌거나 이들 모두의 공통적인 주장은, 클라라가 슈만을 키웠다는 것이다. 여성으로는 유일하게 독일의 화폐 모델로 선정될 정도로 독일인의 사랑을 받는 천재 피아니스트 클라라 슈만이 아니었더라면, 로베르트 슈만은 그저 그런 2류 음악가로 인생을 마쳤을 것이라는 것이 음악평론가들의 공통 의견이다. 현명한 양처(良妻)를 얻는 것은 남자의 일생을 얼마나 크게 바꾸는 일인가. 그러니 슈만으로서는 클라라를 만나 고난을 뛰어넘는 사랑을 하고 승리한 것이 인생 최대의 축복이라 할 만했다. 아닌 게 아니라 그의 대표적인 연가곡집인 《시인의 사랑》, 《여인의 사랑과 생애》를 포함하여, 한평생 작곡한 250여 곡 중 절반이 바로 결혼한 그 해에 쏟아져 나왔다. 사랑은 천재에게 최고의 영감으로 작용하는 것이 분명하다. 하이데거가 한나 아렌트와 함께했던 시절이 그에게 가장 최고의 시절이었다고 회고했던 사실이 새삼 여기 슈만의 생애에 겹친다.

　과연 그렇다면 클라라에겐 이 결혼이 어떤 것이었을까? 함께 작곡가로서, 피아니스트로 살아가면서 여덟 명의 자녀를 낳고 기르는 가운데,

자신의 스물한 살 열정으로 결정한 인생과 결혼제도를 존중하면서 살아갔던 천재 여류음악가는 자신의 결혼을 어떤 식으로 받아들였던 걸까? 여기 삶의 아이러니가 겹친다. 한나 아렌트가 만일 하이데거와 결혼할 수 있는 상황이라면 분명했을 텐데, 그것이 과연 그녀의 삶에 긍정적인 영향을 주었으리라는 보장이 있나? 만일 클라라가 슈만과 결혼에 실패했더라면 그녀의 삶은 결혼에 국한되지 않고 더 큰 세상을 향해 나아갈 수 있었던 것은 아닐까? 분명 어떤 여자들의 삶은 결혼이라는 그릇에 담기에는 너무 크기도 한 법이다. 덧붙여서, 클라라의 여덟 번째 자녀가 브람스와의 사이에서 태어났다고 주장하는 음악역사학자들도 있다 한다. 막내가 태어난 때가 슈만이 정신병동에 있을 무렵이고, 브람스가 슈만 집안을 대신 돌보던 시기이므로 그렇게 추정한다는 것이다. 하지만 브람스의 사랑을 숭고하고 위대한 것으로 기억하고 싶어하는 사람들은 모두 이 이야기를 귀 막고 일축했다. 내 생각엔 이것이 사실이었다 한들 그리 놀랄 것도 없지만서도.

브람스의 일생을 두고 한 사랑

브람스가 클라라를 처음 만났을 때의 일화는 몹시도 유명하다. 1853년 바이올리니스트 요아힘의 소개로 슈만가를 방문한 브람스는 슈만 부인을 연모하게 된다. '존경'이라든지 '경애'와 같은 단어를 써서 그의 사랑을 표현했다는 브람스는, 그 해 9월 30일에 방문해서 11월 3일까지

젊은 클라라의 모습과 스무 살의 브람스 초상화 스케치

슈만 부부와 함께 생활하게 되는데, 이 시기에 원래 우울했던 그는 많이 웃고 떠들고 행복하게 지냈다 한다. 이때 브람스는 격정적인 사랑에 빠져들기 쉬운 스무 살, 클라라는 원숙미를 더해가는 서른네 살, 슈만은 그의 생애의 끝이 얼마 남지 않았다는 것을 아직 모르는 마흔세 살이었다.

나는 세 사람의 관계를 생각할 때마다, 슈만의 태도가 가장 이해하기가 어려웠다. 대개 남자들에게도 직감이란 것이 존재하기 마련이라서, 브람스가 자기 부인을 연모하는 마음을 슈만이 몰랐을리가 없는데도, 슈만은 브람스의 천재성을 격찬하고 세상에 소개함으로써 그에게 음악가로 화려하게 데뷔할 수 있는 길을 열어주었다. 뿐만 아니라 한 달이나 자기 집에 머물게 하면서 브람스가 자기 감정을 키우는 것을 허락하다시피 했다. 무엇이라고 확정짓지는 못하겠지만, 브람스가 아들 뻘이었으므로 경쟁심을 느끼지 않았거나, 천재를 사랑하는 스승의 마음으로 브람스를 돕고 싶었거나, 아니면 양성애 기질이 있어 본인도 브람스를 사랑했다거나, 이런 정도로 추측이 가능할 것 같다. 아무튼 아무리 생각해 봐도, 슈만이 눈감아 주지 않았더라면 브람스는 클라라에게 마음을 표현할 수 없었을 텐데, 그걸 내버려 둔 이 남편이 나는 신기하게 생각된다. 그 이듬해부터 정신병을 앓게 되는 처지였으므로 이미 이때부터 이런 것까지 바르게 생각할 정신이 없었던 건가.

아름답고 지성적인 뮤즈인 클라라는 브람스에게도 영감을 불어넣어 명곡들을 탄생시켰다. 브람스는 〈피아노 소나타(작품2)〉를 클라라에게 처음 만났던 시절에 헌정하였고, 이후 일곱 번째 아이를 임신했을 때엔 〈피아노 3중주곡 제1번(작품 8)〉을, 막내가 태어났을 때엔 〈슈만의 주제에 의한 변주곡(작품 9)〉을 그녀에게 바쳤다. 1856년 슈만이 정신병동에서 생을 마감했을 땐 살아남은 자, 클라라를 위한 〈진혼곡〉을, 1896년 일흔일곱 살이었던 클라라가 뇌졸중으로 쓰러졌다는 소식을 듣자 〈네 개의 엄숙한 노래〉를 썼다. 노래가 완성되고 13일 후 클라라가 세상을 떠났고, 브람스는 "내 삶의 가장 아름다운 체험이요 가장 위대한 자산이며 가장 고귀한 의미를 상실했다."라는 말로 그녀의 죽음을 애통해했다. 클라라에게 무조건적인 사랑을 바쳤던 브람스는 그 이듬해에 예순네 살로 생을 마쳤다. 위키피디아 한국어 버전은 브람스의 이 지독한 사랑을 두고 담담한 어조로 색다른 사실을 서술하고 있는데, 이에 따르면 "브람스는 몇몇 여자들과 진한 정분이 있었고, 1859년에는 괴팅

겐의 아가테 폰 지볼트와 약혼까지 이른 적도 있었으나 이내 파혼하여 평생 동안 결혼하지 않았다." 슈만 사후 그가 클라라를 두고 다른 여자와 약혼까지 이르렀으나 결혼하지 않았다는 말이다. 슈만이 죽고도 클라라를 가질 수 없었기에, 상실감에 빠졌을 천재 음악가가 다른 사랑으로 황급히 자신의 감정을 다스리려고 했던 안타까운 마음을 그저 나만 이 기록을 통해 느낄 수 있는가.

맺으며 – 클라라 당신의 사랑은 어디에 있었나

나는 브람스의 사랑을 생각할 때, 항상 헤세의 《지와 사랑》을 떠올리게 된다. 지성과 감성을 분리해 내면서 절제된 사랑의 미를 추구하던 그 소설은 어쩐지 브람스가 평생을 두고 클라라에게 바쳤던 사랑과 닮았다. 브람스가 다른 여자들과 염문이 더 있었더라도, 파혼을 한 번 했더라도, 그가 클라라를 진심을 다해 사랑했었다는 대전제가 달라지는 것은 아니다. 나는 헤세의 소설과 브람스의 생애를 떠올릴 때마다 '독일인들의 절제된 사랑은 대체로 이런 모습인 걸까'하고 그 느낌에 대해 생각해 보곤 한다. 그런데 만일 클라라가 브람스와 재혼했더라면, 브람스의 사랑은 어떤 빛깔로 마무리되었을까? 결혼으로 인해 그들은 과연 행복할 수 있었을까. 아니면 여느 평범한 결혼과 마찬가지로 그들의 사랑도 서서히 탈색되어 그저 그런 회색빛 살아가는 이야기가 돼 버렸을까. 이렇게 생각해 보면 그들의 사랑은 아마도 결혼이라는 제도의 한계

혹은 재혼을 곱게 보지 않는 사회적 관념에 부딪혀 결혼으로 나아가지 못했기에 더 애틋하게 후세에 회자될 수 있었던 것인지도 모르겠다.

클라라 슈만에게 결혼은 생을 두고 어떤 의미였을까. 음악가 리스트가 천재 소녀로 격찬하기도 했던 클라라는 결혼하던 1840년부터 몇 년 활동을 쉬었다. 슈만이 가장 활발하게 작품을 쏟아냈던 때가 이때인 것을 되새겨보면, 결혼을 잘한 쪽은 확실히 슈만이다. 이 결혼은 클라라의 재능이 묻힌 무덤이었다. 클라라는 남편 생전에 슈만과 쇼팽 작품 해석에 능하여 현대까지도 그녀의 규범이 사용되고 있을 정도이다. 그런 그녀는 남편 슈만의 사후에는 브람스의 작품을 해석하였다. 결국 그녀는 사랑을 알고 난 이후부터 생의 반은 결혼 안에서 남편과, 나머지 반은 결혼 밖에서 연인이며 후배인 브람스와 보낸 셈이다. 클라라에게 그녀의 생을 두고 사랑이란 어떤 의미로 다가왔던 것일까?

나는 이들 세 사람의 사랑 이야기를 생각할 때마다 인간이 만든 제도가 얼마나 부질없고, 그 제도를 두고 사람들이 곱씹는 관념이 얼마나 큰 허상인가 생각하게 된다. 두 음악가가 가족의 반대를 무릅쓰고 사회적 통념에 반발하여 결혼하였고, 이후 또 다른 음악가가 나타나면서 새로운 사랑이 시작되었다. 남편은 이 사랑을 알고 있었으나, 젊은 음악가를 아껴주었고, 부인은 이 사랑을 알거나 혹은 마음으로 받아주었지만 제도가 허락하지 않는 선은 넘지 않았다. 그러나 이 젊은 음악가의 사랑은 그 제도와 관념을 이미 뛰어넘어 평생 혹은 영원까지 사람들의 가슴을 울릴 만한 것이었다. 브람스를 가리켜 남의 부인을 사랑했다고 비

옛 독일 화폐 마르크화에 새겨진 클라라 슈만의 초상

난하는 자가 없는 것은, 그의 사랑이 숭고하기 때문인가, 그의 작품이
위대하기 때문인가, 아니면 인간이 만든 제도가 절대적이지 않다는 것
에 모두가 암묵적으로 동의하고 있기 때문인가.

미셀러니 2 '밀회' 속 클라라 슈만과 브람스

드라마 〈밀회〉 속에서 이선재는 자신의 천재성을 모르는 스물한 살의 무명 피아니스트이다. 그는 시시한 아르바이트를 하면서 살아가다가 우연히 강준형 교수의 눈에 띄게 되면서 그의 부인 오혜원을 만나게 된다. 마흔 살인 오혜원은 젊었을 때 뛰어난 피아니스트로 주목받았으나 현실의 벽에 부딪혀 예술에 대한 꿈을 접고 예술 재단에서 일하고 있는 인물이다.

나는 이 설정을 보자마자 클라라 슈만과 브람스를 떠올렸다. 브람스가 처음 슈만 부부의 집을 찾아왔을 때 스무 살이었다. 클라라는 그때 서른네 살이었다. 브람스는 음악에 대한 열정으로 빛나는 젊은 청년이었고, 클라라는 로베르트 슈만을 사랑하였기에 기꺼이 뛰어난 피아니스트로서의 꿈을 접고 그와 행복한 결혼생활을 하고 있는 아름다운 여류 예술가였다.

이 드라마와 실화 사이에서 다른 점이 있다면 남편 그릇의 크기 정도이다. 로베르트 슈만은 드라마 속 강준형처럼 재능 없고 콤플렉스로 뭉쳐진 못난 인물이 아니었다. 그는 천재 여류 예술가로 온 독일이 기억하고 있는 클라라 비크가 아버지의 반대를 무릅쓰고 선택할 만큼 매력적인 예술가였다. 그럼에도 아내의 천재적 예술성에 크게 수혜를 입었다는 면에서는 강준형이나 슈만이나 별반 다르지 않지만 말이다. 거기다 강준형이 이선재를, 슈만이 브람스를 자신의 제자로 받아들인다는 사실까지 드라마와 실화가 닮아 있다.

두 이야기에서 가장 비슷한 부분은 이선재가 오혜원을, 브람스가 클라라를 처음 만나서 사랑에 빠지는 부분이다. 제 연주의 기량에 대해 이해할 수 있는 사람을 만나는 것을 전혀 기대하지 않았던 젊은 연주가가 어느 날 섬광이라도 스친 듯 아름다운 멘토를 만난다면! 사랑에 빠질 수밖에 없지 않겠는가. 예술 자체를 사랑하고 천재를 아끼는 그 멘토 역시 젊은 그의 음악에 반하고 그의 영혼에 사로잡힐 수밖에 없을 테고 말이다.

드라마에서 오혜원은 천재적인 재능을 가진 이선재에게 빠져들게 되고 그 감정에서 헤어나오려 애쓰지만, 그의 뛰어난 연주를 들을 때마다 미소를 감추지 못하고 기뻐한다. 두 사람은 함께 피아노를 치면서 황홀경을 나눈다. 이선재는 그 느낌을 두고 "나의 여신과의 연주는 절정 그 자체였고 나는 내 전부를 다 바쳤다."라고 말한다. 어떤 정사를 나눈들 그 연주보다 더 감미롭고 자극적일 수는 없었을 것이다. 두 사람은 나이, 교육, 생활수준 등 모든 현실적 차이를 떠나서, 소울메이트로 만났기 때문에 도저히 서로에게서 벗어날 수가 없다. 사람이 자기를 알아주는 사람을 만나는 게 얼마나 어려운 일인가. 무조건 자기 편이 되어 주는 사람을 만난다는 게 얼마나 커다란 기적인가. 만났고 알아보게 된 이상, 현실의 굴레 때문에 억지로 밀어낸다는 것은 거의 불가능한 일이다.

그러나 오혜원에게 이선재를 사랑하는 일은 그의 방으로 올라가는 계단과도 같이 '어둡고 위험하다'. 이선재는 앞장서 가면서 오혜원에게 잘 따라오라고 말한다. 오혜원은 그런 그의 뒤를 조심스럽게 따라간다. 이선재는 그녀의 발길이 닿는 곳에 약한 불빛을 밝혀준다. 오혜원에게 이선재는 어둠 속에 비치는 그 불빛처럼 세상을 밝히는 존재이다. 이선재는 그의 지저분한 방에 오혜원의 발이 닿을까 염려하여 그 방을 있는 힘껏 닦아낸다. 무릎 꿇고 앉아서 힘차게 방을 훔쳐내는 스물한 살 청년의 등을 바라보고 서 있는 '다 이룬 여자' 오혜원의 눈빛이 서글프다. 저 건강하고 넘치는 에너지를 가진 청년이 나를 위해 애쓰고 있다니, 그런데도 나는 너를 사랑할 수 없다니, 네 등을 껴안아줄 수 없다니. 그들의 사랑은 서로 떨어져서 소리로만 느끼는 사랑이다. 이선재는 2층에서 오혜원의 목선이 드러나는 뒷모습만 바라보고, 오혜원은 1층에서 그의 그런 시선을 느끼면서도 뒤로 돌아보지도 못한다. 그러면서도 함께 〈스페인 광시곡〉을 듣고 전율하며 무의미했던 삶 속에서 서로가 나타난 것을 기뻐한다. 그렇게 이선재의 낡고 초라한 방이 그들에게는 낙원이 된다.

〈밀회〉에서 오혜원과 이선재는 비난받는 것을 두려워하면서도 그들의 사랑을 천천히 키워 나간다. 어둡고 위험할지언정 그들의 사랑을 멈출 수가 없다. 함께 예술을 나누고 그 안에서 기쁨을 만끽했으면 좋겠다는 사랑의 꿈을 포기할 수가 없다. 19세기 유럽을 풍미했던 클라라 슈만과 브람스의 사랑 이야기가 고스란히 여기에 겹친다. 두 사람도 평생 황홀한 연주를 함께 했을 것이다. 예술을 향한 이상과 열정을 토로

하며, 그 마음을 알아주는 상대를 온맘으로 사랑했을 것이다. 두 뛰어난 예술가들은 그들의 낙원을 어디에서 발견했을까. 분명히 그들이 함께 연주했던 피아노 건반 위에, 함께 만든 노래를 옮긴 악보 위에, 서로에 대한 경애를 평생토록 품었을 마음속에, 그들의 모든 천국이 있었을 것이다.

3. 쇼팽의 데메테르이자 연인이었던 조르주 상드, 그의 혁명

들어가며 – 아니무스의 힘을 빌려 자유롭게 살다

조르주 상드는 19세기 여성 작가이자 남자 예술가들에게 영감을 불어넣은 마력의 여인으로, 그의 본명은 오로르 뒤팽이다. 로사 몬떼로가 상드의 일대기에서 여성성의 해방을 염두에 두고 쓴 상드의 평전을 보면, 19세기 여성 작가들 사이에서 남성적 필명을 갖는 것은 흔한 일이었다. 그렇게 함으로써 여성 작가들은 활동하는 여성들을 향한 사회적 편견에서 자유로울 수 있었고, 여성 작가들이 쓴 작품은 미숙하다는 선입견에서 놓여날 수 있었다. 아마도 오래 문학계에 남고 싶었다면 남자 같은 이름을 갖는 것이 유행 같은 것을 넘어서서 필수적인 일이 아니었을까 짐작이 된다. 그 당시 사람들은 여성들이 도달할 수 없는 사

프랑스 낭만주의 화가 들라크루아가 그린 상드와 쇼팽. 들라크루아는 쇼팽
의 찬미자였다.(Portrait of Frédéric Chopin and George Sand, 1838)

회적이고 문화적인 언어들이 존재한다고 믿었다는 것이다. 그래서 상드
를 비롯한 여성 작가들은 그들의 글에서 화자를 남자로 선택해서 남성
적 어조로 써 나가는 것으로 사회적 편협함과의 직접 충돌을 피해 나
갔다. 뿐만 아니라 상드는 아예 남장을 하고 다닌 적도 많았다. 처음 시
작한 계기는 파리에 한 푼도 없이 도착했을 때 돈을 절약하기 위해서였
지만, 나중에는 그의 작품에 힘을 실어 주고 그의 자유분방한 생활을
표방하는 트레이드 마크가 되었다. 상드는 여느 여자들과 달리 승마와
등산을 했고, 남장을 한 채 들판에서 잠을 자기도 하는 등, 사회적 통
념과 일치하지 않는 일들을 거리낌 없이 했다.

놀랍도록 불안한 유년

　상드는 왜 이런 괴팍한 삶을 선택했던 것일까? 그가 원했다면, 혹은 그가 노력했다면, 그는 지성적인 대지주로 평생을 평탄하게 보낼 수도 있었을 것이다. 그러나 상드는 태생부터 평범하게 살 수 없는 운명이었다. 그의 유별난 태생은 그로 하여금 인간의 근원과 고독, 방탕과 방랑에 대해서 고뇌하지 않을 수 없게 만들었다. 상드의 부계는 폴란드 왕의 사생아였던 증조부로부터 내려져왔다. 아슬아슬하게 귀족 집안에 진입하긴 했어도 증조부가 공작으로 대접받았던 덕분에 그의 할머니는 프랑스 베리 지방의 노앙에 대저택을 소유하고 있었다. 이 저택은 상드의 일생을 두고 중요한 터전이 되는데, 상드는 거기서 자랐고, 그곳을 노리는 남자들과 싸우며 생을 보냈고, 한때 그 공간에서 쇼팽과 함께 지내기도 했다. 이처럼 상드의 부계만 보아도 불안한 가문의 삶이 드리워지는데, 그의 모친은 더 놀라운 이력의 소유자였다. 상드의 어머니는 보병대 군인들을 상대로 몸을 팔던 창녀로, 하사로 근무하던 뒤팽을 만나 남자 집안의 격렬한 반대를 무릅쓰고 결혼했다. 그러나 상드가 다섯 살 때 아버지가 낙마 사고로 세상을 떠나자, 어머니는 뒤팽 집안으로부터 연금을 받는다는 조건으로 어린 상드를 남기고 파리로 가버렸

남장을 한 조르주 상드
(1804~1876)의 모습

다. 나중에 할머니가 죽고 상드가 열일곱 살의 어린 나이로 대저택을 상속하자 어디선가 소문을 듣고 후견인을 자청하면서 다시 나타날 정도로 그녀의 어머니는 현실적이고 비정한 여자였다. 상드가 겪었던 유년 시절의 분리와 불안은 그녀의 어머니로부터 시작된다고 해도 과언이 아니었다. 상드는 그녀의 어머니와 떨어지기 위해 고작 열여덟 살밖에 안 됐을 때 카시밀 뒤드방과 결혼했으나, 허울 좋은 남작 작위를 쓴 채 매일 사냥과 술로 소일하던 한량인 남편과 결코 행복하게 살 수 없었다. 이 결혼은 팔 년 후 상드가 문학가로서 새로이 출발하기 위해 파리로 향할 때까지 직직 끌며 유지됐고, 상드는 그 후 절대 다시는 결혼하지 않았다.

해방된 사랑은 풍요로운 모성애로

다시 결혼하지 않았다는 것은 더 이상 사랑이 찾아오지 않았다거나, 혹은 성생활이 없었다는 것을 뜻하지 않는다. 상드에게는 오히려 자신의 사랑과 성을 한 남자에게만 국한하지 않는다는 것을 뜻했다. 상드란 이름만 해도 그가 뜨겁게 사랑했던 열아홉 살 문학소년 쥘 상도의 이름에서 따왔다. 그는 자유롭게 사랑을 했고, 자기 이름으로 그 사랑을 영원히 기억했던 셈이나.

상드를 맨 처음 스타덤에 올린 신문연재소설 《앵디아나》의 테마는 상드 그 자신의 도전을 형상화한 것이나 다름없다. 결혼을 잘못한 여자가 정부를 얻고 일이 잘 풀리지 않아 시련을 겪지만 세 번째 남자를 만나고서 마침내 행복해진다는 줄거리는 비단 19세기 프랑스뿐만 아니라, 21세기 한국에서 보아도 보통 파격적인 게 아니다. 상드 자신의 연애 역시 평범하지 않아서 그는 늘 자기보다 어린 남자들과 연애를 했다. 가끔 그렇지 않을 때도 있었지만 기간이 짧았고 그다지 의미 없는 인물들이었다. 쥘 상도뿐만 아니라, 낭만파 시인 뮈세도, 피아노의 시인 쇼팽도 다 자신보다 예닐곱 살이 어렸다. 쇼팽과 결별한 후에 만난, 상드의 가장 진실한 사랑이었던 것으로 평가받는 조각가 망소는 아예 열세 살이나 어렸다. 상드는 이들과의 관계에서 남녀 성역할이 고정된 사이가 아니라, 남녀의 전통적 역할이 전복된 사랑을 했다. 어린 남자들은 상드에게 의지하고 매달렸고, 상드는 그들을 엄마처럼 돌보아 주었다. 어릴 때 결핍됐던 모성애가 상드에게 넘쳐흘렀고, 그는 받지 못했던 만큼 베푸는 것으로 그의 결핍을 해소하고자 했던 것으로 보인다.

여자의 어린 시절에 부성애가 부족하면 파더 콤플렉스로 이어지면서 보통 남성 편력이 생기거나, 아니면 정반대로 남자를 기피하게 되기 마련이다. 그런데 상드는 부친이 일찍 죽은 것은 충격도 아닐 정도로 그의 모친이 무척 불안정했던 데다, 모친에게 기대하는 애정이 무참히 거절된 유년기를 보냈기에 모성애가 지나치게 커져 갔던 것이 아닐까 짐작된다. 실제로 뮈세와 쇼팽은 상드를 만날 때 끊임없이 의지했으며, 그들의 작품 세계 역시 상드를 만날 때, 그리고 그와 헤어진 후 상실감에 시달릴 때 최고 절정기에 도달했었다. 이후 서른을 넘긴 뮈세는 창작력이 고갈되어 더는 이렇다 할 작품을 쓰지 못했다. 이를 테면 상드는 두 예술가로 하여금 노래하고 연주하게 하는 뮤즈였던 셈인데, 이를 두고 나는 이 글 제목에서 의식적으로 데메테르라 칭하였다. 신화에서 하데스에게 납치된 페르세포네의 어머니이기도 한 데메테르는 수확과 풍요를 관장하는 대지의 여신이다. 사계절이 오고 가도록 조화를 부리고 넉넉한 대지를 가슴에 품어 인간으로 하여금 생산할 수 있게 하는 전지전능한 어머니이다.

상드는 한나 아렌트가 하이데거를 위해 불태운 청춘과도, 클라라 슈만이 그의 남편에게 보낸 무조건적인 지지와도 다른 유형의 사랑을 영위했다(그들 세 사람 모두 사랑하는 남자의 지성과 예술을 최고 상태로 끌어올리는 모성애적 마력을 지니긴 했었지만). 상드에게 사랑의 대상은 유약할수록 좋았고, 그 사랑에서 상드는 상대를 길러내는 기쁨을 만끽할 수 있었다. 뮈세는 신경이 날카롭고 퇴폐적이었고, 쇼팽은 폐결핵을 앓고 있었고 성을 기피했다. 쇼팽과 함께 11년을 가까이 살았던 기간 동안 "내게는 돌보아야 할 자식이 셋이나 있어요." 하고 농담조로 지인들에게 편지로 말할 만큼 상드의 사랑은 모성애에 기반을 두고 있었다. 상드에겐 아들 모리스와 딸 솔랑주가 있었는데, 거기에다 쇼팽까지 넣어서 셋이라 말한 것이다. 남편을 가리켜 큰아들이라 부르는 한국식 농담도 있는 것을 상기해 보면, 아내의 노움 없이 자생할 수 없다는 것을 놀리고 아내의 역할이 얼마나 큰가 하는 자부심을 되새기는 조소는 동서양을 막론하고 통하는 것 같다.

쇼팽을 향한 적극적인 구애

상드가 연애에서 혁명적인 것은 단순히 어린 남자들을 만났거나 셀 수 없이 많은 사람들을 만났기 때문만은 아니다. 그는 연애를 구하는 데에도 보통 여자들은 엄두도 못 낼 만큼 적극적이었다. 부계로부터 내려온 유산과 자신감 넘치는 지성 덕분이었겠지만, 그렇다고 해서 모두가 자유로운 연애를, 그것도 공개적으로 실천하는 것은 아니다. 그의 자유로운 연애관은 상드가 적극적으로 쇼팽에게 구애한 에피소드에 잘 드러나 있다.

둘은 상드가 서른두 살, 쇼팽이 스물여섯 살이던 1936년에 처음 만났다. 어떤 기록은 이 시점부터 세어서 둘이 11년을 만났다고 하기도 하고, 어떤 기록은 2년 후 1938년 상드가 노앙으로부터 쇼팽을 찾아와서 함께 마주르카 섬으로 떠난 시점부터 9년을 세기도 한다. 진위가 어찌됐던 간에 처음에 쇼팽은 상드에게 관심이 없었다. 그는 〈이별의 왈츠〉의 주인공 마리아 보진스키와 비밀 약혼을 하고도 그 사랑을 이룰 수 없는 현실에 고통스러워하고 있었다. 마리아를 향한 그의 마음은 평생 그녀가 보낸 마지막 편지를 간직하고 있을 정도로 절절한 것이었다. 그렇다보니 창백하고 병약하며 날카로운 피아니스트에게 상드가 먼저 끌렸다. "강한 사람은 나의 곁에 있지 않는다. 나는 고통에 지친 사람을 돌보는 것에 익숙해 있어서 모성 본능을 자극하게 한다." 이런 말을 상드가 자기 변호에 썼다고 하는데, 아프고 약했던 쇼팽만큼 그가 사랑하고

자 했던 대상에 딱 적합한 인물도 많지 않았을 것이다.

쇼팽은 마리아 보진스키에게 죄책감을 느꼈고 평판이 나쁜 상드와 연애하는 것에 부담을 느꼈다. 그러나 상드는 절대 포기하지 않았고, 2년간 연적인 마리아를 멀리 보내고 쇼팽을 자기 근처에 두려는 노력을 끊임없이 기울였다. 끝내 쇼팽은 신분 격차 때문에 이루어질 수 없었던 마리아를 포기하고, 자신을 향해 헌신적인 애정을 기울이는 상드에게 마음의 문을 열게 된다. 그들은 함께 세상의 손가락질을 피하기 위해 마주르카 섬으로 떠나게 되고, 이내 결핵이 악화되자 노앙으로 함께 옮겨간다. 쇼팽은 상드와 그의 아들딸과 함께 살았고, 이때 새로 가족이 생긴 것같이 서로 다투고 어울리고 웃고 화내면서 십 년 가까이 살게 된다.

생의 카르마, 쇼팽과의 결별

그들의 평화―가정이라는 울타리 안에서 수많은 화와 분노, 불합리함, 미움이 일어난다는 것은 접어두고, 그저 가정이라는 이름 자체가 주는 안식만 생각할 때―는 딸 솔랑주가 커가면서 해체된다. 상드가 파리로 처음 옮길 즈음 태어났던 솔랑주는 1947년에 열일곱 살이 된다. 이때부터 상드의 인생에 카르마가 빈복되는데, 솔랑주는 어린 나이에도 탐탁치 않은 조각가와 결혼하겠다고 우긴다. 꼭 상드가 그의 어머니로부터 벗어나고자 첫 남편과 잘못된 결혼을 했던 것처럼 말이다. 상

쇼팽의 삶과 사랑을 다룬 영화들. 왼쪽부터 순서대로, 〈쇼팽의 연인〉, 〈쇼팽의 푸른 노트〉, 〈쇼팽 – 사랑의 욕망〉

드는 창녀였던 어머니가 자신의 재산만 노리고 사랑해 주지 않는 것이 싫어서 결혼을 도피처로 삼아 도망갔었다. 그렇다면 솔랑주는 왜 상드의 곁을 그렇게 일찍 떠나고 싶어 했던 것일까? 그 조각가를 정말로 사랑하게 된 것이 아니라면, 유명하긴 해도 이름난 자유연애주의자였던 어머니가 사는 방식이 싫었던 것이 아닐까 추측해 본다. 사회적으로 환영받지 못하는 삶을 사는 어머니의 거친 방식으로부터 벗어나고 싶었을 것 같다.

호사가들은 여기에 또 다른 이유로 쇼팽과의 연애 감정을 넣었다. 당시 서른일곱 살이 된 쇼팽이 솔랑주에게 연정을 품게 됐고, 혼란을 느낀 솔랑주가 결혼을 하는 것으로 이 저주받을 삼각관계에서 도망가고 싶어 했다는 것이다. 두 모녀와 그들 사이에 낀 한 남자가 이룬 사회적 통념에서 어긋나는 이 삼각관계는 전 유럽에서 영화로도 여러 번 제작

됐다. 영국 영화 〈쇼팽의 연인(Impromptu)〉에서는 휴 그랜트가 쇼팽을 맡았고, 프랑스 영화 〈쇼팽의 푸른 노트(La Note Bleue)〉에서 한국인이 사랑하는 소피 마르소가 솔랑주를 맡아서 뇌쇄적인 매력을 뿜냈다. 쇼팽의 조국 폴란드에서도 〈쇼팽-사랑의 욕망(Chopin. Pragnienie milosci)〉이 제작되는 등, 천재적인 예술성과 평범하지 않았던 그의 연애로 인해 쇼팽의 삶은 현대 예술가들로부터 끊임없이 사랑받아 왔다.

그러나 이 영화들이 묘사해 놓은 쇼팽과 솔랑주의 관계를 다 믿어서는 곤란하다. 영화란 본시 극적 구성을 위해 사실에다 어느 정도 허구를 섞어서 드라마로 재구성해내는 예술 장르이기 때문이다. 몬테로는 그가 쓴 상드 평전에서 이 시기를 두고 짧게 서너 줄만 언급하고 있다. "솔랑주는 한 조각가와 사랑에 빠졌고, 상드가 강하게 반대하자 그 조각가와 함께 상드에 관해 험담을 퍼뜨렸다. 그런데 이때 솔랑주에 대해 플라토닉한 감정을 품고 있던 쇼팽이 솔랑주의 편을 들었다. 연인과 딸을 동시에 잃었다고 생각한 상드는 그 두 사람과 모두 결별하였다. 상드의 상실감은 이루 말할 수 없었다."

영화와 평전에서 공통적으로 인정하고 있는 것은, 쇼팽이 솔랑주를 여자로서 생각하고 사랑하게 됐으며 이것이 상드와 쇼팽의 결별 원인 중 하나가 됐다는 점이다. 나는 여기서 상드의 카르마를 다시 한 번 보았다. 상드가 불행한 결혼생활을 할 즈음, 오를레앙이라는 청년과 플라토닉한 연애를 한 적이 있었다. 육체적 관계가 없었음에도 상드의 남편은 괴로워했고, 상드는 그것을 보고 자신을 믿지 않는 그 마음 때문에

같이 살 수가 없다고 했다 한다. 상드는 이십 년 정도가 지나서 딸과 자기 남자의 플라토닉 연애 사건을 다시 한 번 겪은 셈이 됐다. 그토록 당당하게 자기는 결혼생활에 누가 될 짓을 한 적이 없다고 말했던 상드는, 똑같은 방식으로 자기 연인에게 배신을 당한 것이었다. 그리고 연인이 빠져든 상대는 자기의 어린 시절을 닮은 자기 딸이었으니, 부정(不貞)에 대한 대가가 참으로 혹독하게 주어졌다.

간혹 육체적 외도와 정신적 외도 중 어떤 것이 더 참기 어려운가 하는 따위의 시답잖은 질문들이 월간 여성지 소재로 사용되는 것을 보는데, 참으로 어리석은 질문이다. 이것은 일부일처제를 두고 논할 문제가 아니라, 사랑의 대상을 소유하고 싶어 하는 인간 본성에 관한 문제이다. 결혼을 했든 안 했든 자기의 사람이라 생각했던 이가 다른 누군가와 살을 부비고 그 누군가를 마음에 품고 생각한다면 괴로워하지 않을 사람이 없다. 몸이건 마음이건 외도를 하는 사람은 그런 의미에서 자신과 인연을 맺은 이에게 진정 커다란 상처를 주는 셈이다. 그리고 상드의 카르마가 반복됐던 것처럼, 그 상처가 자신이 평생 짊어지고 가야 할 업보가 되어 제 어깨 위에 얹히게 된다는 것을 알아야 한다.

망소에게 위안을 얻다

쇼팽과 결별한 후 상드는 한참 방황하며 괴로워하다가, 망소를 만나 위안을 받으며 이 어린 애인이 폐결핵으로 죽을 때까지 함께 살았다.

이 시기에 쓴 이야기 중에 계몽사 아동문학 전집에 수록되어 우리에게 널리 알려진《사랑의 요정》이 있다. 원제는《어린 파데트(La Petite Fadette)》로 전원을 배경으로 한 아름다운 소설이다. 상드의 문학 활동은 크게 4기로 나누는데, 1기에는《앵디아나》같은 자전적 작품을 썼고, 2기에는《프랑스 여행의 길동무》,《안지보의 방앗간지기》같은 인도주의적 작품을 썼다. 3기가 되면 전원 소설을 쓰기 시작하는데,《사랑의 요정》은 이 시기에 쓰

《사랑의 요정》은 프랑스에서 영화로도 제작됐디.

인 소설이다. 끝으로 4기가 되면 안정된 말년을 맞으면서 동화와 희곡 등을 주로 쓰게 되는데, 이때 나온《내 생활의 역사》가 걸작으로 손꼽힌다. 스탈 부인과 함께 유럽 여성 문학의 창시자로 추앙받는 상드는 평생 칠십여 편의 소설과 이십 편 정도의 극작을 썼고, 더불어 수백 편의 수필과 삼만 통가량의 편지를 남겼다.

맺으며 – 멈추지 않는 사랑의 에너지, 재생의 마법

이처럼 상드는 당대의 평범한 여자들이 생각조차 할 수 없었던 파격을 실행한 여성 작가였다. 남편과 헤어져 무일푼으로 파리에 상경하여, 남장을 하고 예술가들과 어울리며 재능으로 인정받은 그의 도전이 당

조르주 상드의 초상

당하고 멋지다. 그는 비록 수많은 남자들과 만나고 헤어지는 일을 반복했지만, 만나는 동안 관계에 진지했으며 상대를 가장 안락하고 편하게 보살펴 주었다. 그러면서 동시에 상드는 자신을 고갈시키지 않고 스스로의 작품세계도 그 관계와 사랑을 통해 키워 나갔다.

슈만 부부의 결혼 기간 동안 클라라는 자기 작품 활동을 접고 슈만을 내조하는 데 공을 들여서 슈만이 작곡과 평론의 절정을 맞았던 것을 생각해 보면, 그들과 대조적으로 상드의 사랑과 연애는 소모적이지 않고 창조적이다. 사랑을 베푸는 모성적 여자와 그 사랑의 대상이 된 상처받은 남자를 둘 다 재생시키는 마법의 힘을 가졌다. 사랑에 빠진 시간 동안 남자를 위해 노래하고 그의 작품을 위해 춤추다 지쳐버리고 마는 어리고 아름답기만 한 뮤즈가 아니라, 남자가 꽃 피우고 경작할 땅을 내어주고 그의 수확이 끝나면 다시 사계(四季)의 시간을 뚫고 봄이 되면 환생하는 풍만한 대지의 여신 데메테르처럼, 상드는 지치지 않고 상대와 자신을 위해 사랑의 에너지를 내뿜었다.

어떤 사람들에게는 제멋대로 살다간 자유연애주의자일 수도 있고, 어떤 사람들에게는 여자들에게 불합리한 제도를 가볍게 비웃어준 여성운동가일 수도 있다. 그가 어떻게 평가를 받든지 간에, 오늘날 우리가 뮈세와 쇼팽이 남긴 불세출의 작품을 감상할 수 있는 것은 상드의 멈추지 않았던 사랑, 타인을 사랑하는 것으로 자신을 더 사랑했던 뜨거운 예술혼 덕분이다.

미셀러니 3 아들과 아버지

대학원에서 공부하던 시절, 한 후배와 함께 논문을 발표하러 대전까지 내려가야 할 일이 생겼다. 고맙게도 후배가 직접 차를 운전해서 태워다 주겠노라고 말했다. 서로 이름은 알았으되 어떤 사람인지는 잘 몰랐던 그와 나는 이번 논문 작업을 통해 좀 가까워진 상태였다. 그리고 우리는 왕복 네 시간을 함께 차를 타고 서울과 대전을 오가며, 사적인 이야기를 포함해서 많은 이야기를 나눴고 덕분에 더 가까워졌다.

사실 몇 년 전 그 친구를 처음 만났을 땐, 그는 조금 답답해 보이는 보통 남자에 지나지 않았다. 우리는 선후배 간에 행해지는 의례적인 인사와 목례를 나누었고 그것으로 만남은 끝이 났다. 그러고선 최근에 그와 다시 마주쳤는데, 조금 안면이 생겼다는 이유로 그가 몹시 사근사근하게 구는 것이었다. 그즈음 나는 산림청에서 주최하는 공모전에 낼 논문을 함께 쓸 사람을 찾고 있었기에 그를 점찍었고, 그는 조금 고민한 후에 함께 일하고 공부해 보겠노라 승낙을 하였다. 그와 나의 관계는 그렇게 시작되었다.

그는 그렇게 내게 '나타났는데', 그는 그가 나를 '발견했다'고 했다. 그는 잘 웃지도 않을 정도로 무뚝뚝한 남자였는데, 몇 번 이야기를 나누면서 우리가 서로 통하는 면이 많다는 것을 알게 되자 언젠가부터 소리를 내어 웃기 시작했다. 나는 그가 웃는 모습을 바라보는 게 좋았다.

그랬던 그는 두 번째 만남에서 갑자기 어린 시절 부모의 싸움소리를 듣지 않기 위해 베갯머리에 얼굴을 파묻고 흐느꼈던 기억에 대해 이야기했다. 나도 같은 이유로 인해 장롱 속에 숨 죽이며 몸을 숨겼던 적이 있었다. 나는 지나치게 그의 감정에 내 감정을 연결시키고 싶지 않았지만, 거의 불가항력적으로 내가 그를 따라 시간을 거슬러 여행하는 상상을 했다.

거실에서 오고가는 부모의 날 선 설전 혹은 목숨을 건 격투 소리를 듣지 않기 위해, 귀를 틀어 막고 얼굴을 파묻은 채 엎드려 울고 있는 작은 소년 옆에 무릎 꿇고 앉아서 그 애의 머리를 쓸어주고 싶었다. 나는 그 애와 다른 공간에서 자라났지만, 어차피 내가 보고 겪은 것도 그 애의 사정과 별반 다를 바가 없었던 것이다. 그러니 그 상처받은 아이를 가장 강하게, 지치지 않고 지켜줄 수 있는 것은 바로 나일 것이다. 상처받을 대로 받아서 마음에 굳은살이 박히고 나면 새삼 새로 아플 일도 없는 법이니까. 괜찮아, 내가 지켜줄게. 나는 열다섯 살 소녀가 되어 열두 살 난 소년을 감싸안았다.

현실의 그에게 내게도 비슷한 기억이 있노라고 말하자 그는 몹시 놀라는 눈치였다. 일로 만난 후배에게 내 오래된 기억을 꺼내서 보여주는 것이 썩 달가운 일은 아니었지만, 그가 털어놓은 유년의 기억에 대한 답례로 나도 비슷한 기억 몇 개를 꺼내서 말린 인삼이라도 되는 양 그의 앞에 내놓았다. 우리는 그날 단순한 동료를 넘어서서 친구인 것도 같고 남매인 것도 같은 교묘한 사이가 되었다.

대전에서 무사히 논문 발표를 마치고 서울로 올라오는 차 안에서 나는 그에게 내일 그의 아버지와 만날 약속이 잡혀 있다는 얘길 했다. 그는 그 말에 키득거리며 "재밌겠네요." 하고 대꾸했다. 그의 아버지를 만나는 것은 그와는 완전히 아무 상관도 없는 일이었다. 내가 하고 있는 국제환경 NGO 일과 연관해서 전문가의 조언을 받아야 할 필요가 생겼고, 그 과정에서 그의 아버지를 다른 경로로 추천받게 된 것뿐이었다. 그때만 해도 그분이 그의 아버지란 사실을 난 전혀 모르고 있었는데, 우연한 기회에 한 동문이 그 사실을 언급해서 알게 됐다. 내가 두 사람의 관계를 알게 됐다는 얘기를 꺼내자 그는 그 사실이 알려지는 게 별로 즐겁지 않다고 말했다. 자신이 아무리 노력해도 자신은 아버지의 아들이란 타이틀에서 벗어날 수가 없더란 것이었다. 자신의 진로를 결정한 것도 아버지였고, 대학원 진학을 권유한 것도 아버지였다고 했다. 아버지가 이끄는 대로 오다 보니 만나는 사람들 모두가 아버지를 알고 있었고, 그를 만날 때마다 항상 아버지와 자신을 연결지었다고. 콕 집어 말한 사람은 없었지만, 너는 아버지만 못하구나 이렇게 말하는 것 같은 느낌이 들어 불편하다고 했다. 어쩌면 어머니와 아들보다 아버지와 아들이란 관계가 좀 더 강력하게 아들의 숨통을 죄어오는 것일까.

다음 날 양재역에서 그의 아버지를 기다리는데, 눈에 익은 차 한 대가 내 앞에 섰다. 어제 대전갈 때 탔던 그 차였다. 같은 차를 이번엔 아버지가 몰고나온 것이었다. 아버지는 내가 그의 아들과 함께 공부를 하며 가까워진 편이란 걸 아직 모르시는 눈치였다. 나는 어제 그랬던 것처럼 그 차의 조수석에 올라탔고, 아버지께 반가움을 담아 인사를 드렸다. 나는 공적인 일로 아버지를 뵈러 온 것이었으므로 아들과 내가 나눈 이야기 같은 것은 한마디도 하지 않았다. 그런 이야기를 나눌 수 있는 친구 사이란 것도 말씀드리지 않았다.

차에 올라 인사를 드리자 그분이 조금 어색하게 수줍은 듯이 웃어주셨다. 어쩜 내가 처음 후배를 만났을 때 보았던 그 미소와 똑같았다. 부자가 나를 향해 똑같은 미소를 지어 주었다. 그러자 어제부터 오늘 사이 내가 이십 년을 한꺼번에 거슬러온 것 같은 착각이 들었다. 어제 만난 그가 오늘도 나를 만나러 왔는데 갑자기 확 나이 들어버린 것 같았다. 아니면 내가 어제 만난 사람이 오늘의 미래에서 온 거였던지, 두 사람이 조금 다른 점이 있다면, 아들은 핸들 쪽으로 가깝게 앉았고, 아버지는 운전석에 깊숙하게 몸을 들여 앉았다는 것 정도. 그리고 아들은 키가 차 천장에 닿을 것 같고, 아버지는 의자보다 키가 별로 크지 않다는 것 정도뿐이었다. 나는 신기한 마음에 그분이 운전하시는 모습을 물끄러미 쳐다보았다. 아들과 아버지는 서로 다른 방향을 보고 있지만 서로 닮았다. 아들과 아버지는 서로 너무 가까워서 상처받는다. 그러나 분명 애끓는 마음으로 서로를 사랑하고 있을 것이다.

그의 아버지는 약간 고단해 보였다. 나는 그분의 기분을 풀어드리고 싶어서 좀더 활기차게 인터뷰를 했다. 그러자 그분은 내 작은 관심과 미소에 웃었다. 나는 그분이 짓는 쓸쓸한 미소가 너무 고마웠다. '더 웃어주세요.' 나는 그분에게 마음속으로 속삭였다. 그분은 아마 내 안에서 나오는 소리를 들으셨을 것이다. 그리하여 아마 별것 아닌 얘기에 소리를 내서 웃으셨던 걸 게다. 그분과 그는 웃음소리마저 닮았다. 그 웃음소리를 듣는 순간, 그 어른에게도 뭔가 마음이 생겨났다. '이건 무엇일까?' 어떤 맘인지 단적으로 이야기하기 힘들었다. 내가 알 수 없는 이런 마음, 처음이다. 헤어질 때, 나는 망설이며 그분에게 내 작은 비밀을 털어놓았다. "저 사실은 댁의 아드님을 알고 있어요. 같이 논문을 쓸 정도로 가까운 편이에요." 그러자 그분은 아들과 똑같은 미소를 지으며 개의치 않는다는 듯, "잘 부탁합니다, 부족한 데가 많은 녀석이에요."라고 말씀하셨다. 그러고선 더는 아들에 관한 이야기를 하지 않으셨다.

두 번째 날로 인터뷰가 진전되자 그분은 더 활짝 웃었다. '더 웃으니 정말 보기 좋으세요. 앞으로도 계속 웃어 주세요.' 나는 또 그분에게 마음으로 말을 건넸다. 그분은 아마도 또 들으셨을 것이다. 약간 위태해 보이던 어깨의 그분은 그래서 다소 차갑던 손을 조금 수줍게 내밀고 헤어지는 악수를 청하셨을 것이다. "또 봅시다." 그분이 엷게 웃으시며 말했다. 약간 비스듬하게 선 모습, 그리고 쓸쓸한 어깨, 웃는데 익숙하지 않은 입매. 나는 그분이 어쩐지 애잔했다. 내 아버지의 어깨도 이랬을까.

내가 고등학생일 때 아버지는 교통사고로 목숨을 제외한 모든 것을 잃었다. 그리고 나는 그때 아버지의 어깨를 잃었다. 아버지는 전혀 따뜻한 사람도 아니었고 사람을 사랑하는 법도 잘 모르는 사람이었지만, 그래도 살아오면서 가끔은 그 어깨가 내 곁에 있다면, 그래 준다면 기대서 실컷 울 텐데 하고 생각하기도 했었다. 지금 내가 차에서 곧바로 내리지 않고 그분의 어깨에 얼굴을 묻고 눈물을 흘린데도 어쩌면 그분이 아무 말하지 않고 내 머리를 쓰다듬어 줄 것 같은 생각이 들었다. 그리고 내 머리카락 위로 그분의 눈물도 떨어질 것만 같았다.

다른 날 같은 공간에서 만난 두 부자는 내게 특별한 감회를 불러일으켰다. 나는 두 사람이 마주보고 서 있는 상상을 했다. 조금 거리감을 두고 서 있는 두 사람 사이 어딘가에 조금 불편하게 나도 서 있다. 나는 두 사람을 번갈아 쳐다보면서 두 사람 사이에 어떤 감정이 오가는지 관찰하고, 그러면서 떠오르는 내 기억 속 상처들을 문지르고 있다. 만일 내가 계속해서 두 사람을 만나게 된다면 어떤 일이 벌어질까 감싸주고 싶었던 소년의 어깨와 기대서 울고 싶었던 아버지의 어깨 사이에서 어느 한쪽을 고르게 될까? 나는 새로 소설이라도 써 나가듯 상상을 했다. 어떤 만남은 너무 참신하거나 복잡해서 이름을 붙이기가 어려운데, 이 두 사람이 내게 그러하였다.

나는 영감을 살려서 조르주 상드와 쇼팽, 그리고 상드의 딸 솔랑주 사이에 있었다는 삼각관계에 대해 글을 써보기로 했다. 쇼팽은 분명 상드에게서 모성애적 사랑을 기대했다. 그러나 솔랑주를 대할 때엔 아마도 다른 남자가 됐을 것이다. 좀 더 분명하고 강한 남자가 되었겠지. 그렇게 나는 내 현실 속 이야기를 멈추는 대신, 19세기 프랑스 파리로 가서 유명한 피아노의 시인이 되어 두 모녀를 사랑해 보기도 맘 먹었다.

4. 이영도를 향한 유치환의 에메랄드빛 사랑 혹은 백골 같은 변절

들어가며

왼쪽부터 유치진, 이영도, 유치환. 유치진은 유치환의 형으로 그 또한 유명한 극작가이다.〈1〉

청마의 시는 백일(白日)이 내리쬐는 사막이거나 파도가 넘실대는 푸른 바다이다. 1940년 만주로 옮겨 가서 '열렬한 고독'(생명의 서) 가운데 자신과 대면했던 시인은, 해방과 함께 고향 통영으로 돌아왔고 운명처럼 한 여인을 만나 사랑에 빠졌다. 서른세 살에 뜨겁고도 단호한 남자의 목소리로 생명을 기개 있게 노래하던 시인은, 뒤늦게 서른여덟 살에 찾아온 사랑에 사춘기 소년 같은 미성으로 그리움의 노래를 부른다.

시와는 다른 삶

허나 안타깝게도 "원수에게 아첨하는 자에겐 가장 옳은 증오를 예비하였다"던 청마는 1942년 《만선일보》에 대동아전(大東亞戰)의 의의와 제국의 지위가 위대하다는 논조의 산문을 실었고, 1943년 학도병을 찬양하는 친일잡지인 《춘추(春秋)》 12월호에 정복의 명곡과 승리의 비곡(秘曲)을 부르자는 시를 발표했다 "어느 불의에 짐승처럼 무찔리더라도 거룩한 일월(日月)에 회한을 남기지 않겠다"라던 청마는 아마도 자신의 "생명과 생명에 속한 것을 열애하되 삼가 애련에 빠진 것" (일월)이 분명하다.

처자를 두고 이영도에게 구애하다

그의 순애보적인, 그러나 사회 통념에 반(反)했던 사랑은 또 어떠했나. 이미 처자가 있었던 청마는 오천 통의 연서(戀書)를 시조시인 이영도에게 보내어 애끓는 마음을 절절이 고백했다. 스물한 살 젊은 나이에 청상이 되어 딸 하나를 기르며 살던 스물아홉 살의 이영도는 결국 십 년이 지난 후 그의 마음을 받아들였고 둘의 연애는 이후 이십 년간 이어졌다. "사랑하는 것은 사랑을 받느니보다 행복하다"며 포기하지 않고 구

유치환의 시 〈행복〉의 배경이 된 통영 우체국. 왼쪽 아래에 시비(詩碑)가 세워져 있다.〈2〉

애했던 청마는 나름 그 사랑의 결실을 이룬 셈이었다. 그가 마땅히 온전한 사랑을 주어야 했던 처자에 대한 논란은 제쳐두고, 그의 사랑만을 놓고 보자면.

그는 "에메랄드빛 하늘이 환히 내다뵈는 우체국 창문 앞"에 와서 사랑하는 여자에게 편지를 쓰고, "세상 고달픈 바람결에 나부끼는 인정의 꽃밭에서 진홍빛 양귀비처럼 피어 오른 자신의 마음"을 생각했을 것이다(행복). 편지를 부치고 돌아오는 길에는 그의 고향 통영의 짙고 푸른 바다가 보이는 언덕에 앉아 "임은 물같이 까딱 않는데 어쩌란 말이냐"(그리움 1)면서 이룰 수 없는 사랑에 대한 원망을 애꿎은 파도에게 돌리기도 했을 것이다.

병든 나무처럼, 희로에 움직인 바위처럼

그는 이처럼 변절한 시인이었다. 그럼에도 나는 어쩐지 청마를 이해할 수 있을 것 같다. 시인이기 전에 "병든 나무처럼 생명에 부대껴서 삶의 애증을 짐 져야만 했던"(생명의 서) 식민지 시대의 주권 잃은 국민이었던 그를. 강인한 남자면서 올바른 가장이기 전에 "바람 센 날이면 더욱더 그리워 헛되이 공중의 깃발처럼 울고"(그리움)만 있었던 초록빛 유리같이 투명한 감수성의 포로였던 그를.

여느 친일 시인들이 조국을 배반하고 일제를 찬양하는 시를 발표한 것은 그에 비하자면 단순하다고 해도 될 정도로, 청마의 작품과 그의 인생이 보여 주는 모순은 충격적이다. "죽어서 꿈꾸어도 노래하지 않고 두 쪽으로 깨뜨려져도 소리하지 않는 바위" 같은 생명을 누리겠다고 고백했던 그는 "쉽게도 애련에 물들고 허무하게 희로에 움직였던 것"(바위) 같다.

그의 변절이 안타까운 것은, 그것이 문학을 이용한 배국(背國) 행위여서라기보다는, 한 사람의 신념이, 그것도 마치 종교와도 같았던 자기 철학이 문학에서나 가능한 이상향이었을 뿐, 핍박과 압제에 시달리는 현실에서 수호될 수 없었다는 좌절감 때문이다. 사막 속에서 오아시스를 찾듯이 그토록 목마르게 찾아 헤맸던 생명의 의미가 "밤마다 고민하고 방황하는 열사의 끝에서 어느 사구(沙丘)에 회한 가득한 백골"(생명의 서)로 퇴화되어 버리고 말았다는 암울함 때문이다. 그래서일까, 식민지라는 현실의 영토 안에 자신의 사고(思考)를 가두어야만 했던 젊은 유치환의 생명의 시선(詩選)들은 그의 배신에 화가 난다기보다, 오히려 정의를 갈구하는 청춘의 안타까운 토로인 양 마음에 와 닿는다.

절의를 저버린 지아비

그런가 하면 그는, "청춘을 정열한 한 떨기 아담한 꽃" 같은 그의 처 권재순을 두고서(병처, 病妻) "말 없이 서로 바라보고 지낼 수밖에 없는 먼 먼 별" 같은 이영도를 연모했다(별). 그는 그의 처가 만약 죽는다면 하고 상상하는 것만으로 "슬픔에 빠진 짐승" 같아진다고 고백하기도 했으나 이내 이 슬픔마저 "철없는 애정의 짜증"이라고 치부하였다. 부부로 맺어진 인연의 절의(節義)를 저버린 채 다른 여인을 평생 마음에 두었던 지아비로서 지나치게 솔직한 표현이다. 부인을 생각하길 "다만 한 포기 쉬일 애증(愛憎)의 푸른 나무"에 불과하다고 생각했던 그의 인생이 가난했던 것은 정해진 이치이다(병처, 病妻). 정절을 저버린 사람이 삶을 행복하게 산다면, 주어진 인연을, 사랑을 지키려 애쓰는 충실한 사람들에게 부당한 일이다. 남자에게도 무릇 정절은 중요한 것이다.

나는 청마의 외손인 김기성 씨가 어느 인터뷰에서 청마의 부인이 남편의 관절염에 효험이 좋다하여 고양이를 고아 먹였다는 일화를 소개하면서 청마 부부가 살면서 큰 소리 한 번 내지 않은 금슬 좋은 부부였다고 말한 것을 보았는데, 나는 공감하기는 커녕 인연과 정절을 지키려 평생을 애쓴 부인의 피눈물 나는 노력에 코끝이 시큰해지기만 했다. 연적(戀敵)은 아름다운 시로 남편의 마음을 사로잡았을 때, 부인은 고양이를 고아 먹이는 것으로라도 남편을 곁에 붙들어 두고 싶었던 것 아니겠는가. 다른 여자와 살을 섞지 않았다고 해서 변절하지 않았다고 할 수 없다. 절의는 몸과 마음을 나누어 생각할 문제가 아니다. 유치환의 사랑이 아무리 아름답고 절절하다 해도, 부부 간의 의리와 맹세를 깨뜨린 변절이었다는 사실은 달라지지 않는다.

그래도 지극한 예술의 힘

그런데도 그의 시를 사랑하는 사람들로 하여금 그의 변절을 용서하게 만드는 미(美)의 힘이 그의 작품에는 있다. "영원히 건널 수 없는 심연"(별)에 의해 멀리 떨어져서 "어드메 꽃같이 숨은 님을 찾아 공중의 깃발처럼 울었던"(그리움) 청마는 노스탤지어와 순정과 애수를 그 깃발에 실어 흔들었다. 슬프고도 애달픈 마음을 담아 저 멀리 그의 연인이 있는 푸른 해원(海原)을 향하여 흔들었다(깃발). 그도 분명 고통받았으리라. 합쳐질 수 없는 마음 때문에, 그리고 사랑하는 가족을 두고 뒤늦게 찾아 온 사랑을 따라 떠날 수 없는 현실 때문에.

그가 그랬듯이 사랑에 흔들리는 자들이 그의 시를 사랑했을 것이고, 열정을 다해 사랑했던 청춘이 그리웠던 사람들이 그의 마음을 읽었을 것이고, 나이가 들며 무감각해져 가는 마음을 슬퍼했던 중년들이 소년같이 애태우는 플라토닉 러브에 열광했을 것이다. 지극(至極)한 예술에는 이렇듯 마음을 이해하고 사람을 용서하게 만드는 힘이 있다. 그렇게 아프게 사랑하지 않았더라면 탄생하지 않았을 유치환의 사랑의 시작(詩作)들은 어쩌면, 그렇게 "죽을 듯 안타깝던 별리"(사모)를 견뎌야만 했던 그 자신에게도, 그의

이영도 평전《사랑은 시보다 아름다웠다》표지. (조현경 저, 영학출판사, 1984)〈3〉

사랑을 함께 호흡하며 되새기는 우리에게도, 운명이었을 것이다.

나는 정작 청마의 시가 아니라, 그의 뮤즈였던 이영도의 시를 읽고 나서 그들을 인정할 수 있게 됐다.

너는 저만치 가고

나는 여기 섰는데

손 한 번 흔들지 못하고

돌아선 하늘과 땅

애모는 사리로 맺혀

푸른 돌로 굳어라

〈'탑', 이영도 시(詩)〉

맺으며

이제 두 사람 모두 떠나고 그들의 시만 세상에 남았다. 둘의 뜨거운 노래는 땅에 묻혔으니 우리는 사랑하였으므로 진정 행복했었다는 그들의 마지막 인사를 마음으로 들어주기만 하면 된다. 오늘도 누군가는 바라선 안 될 연정을 삭히질 못해 통영 중앙우체국에서 초록 하늘을 보며 연노랑색 편지지에 "그리운 이여, 안녕"이라 적고 있을지도 모르는 일이므로.

출처

〈1〉 http://full.mireene.com/

〈2〉 전라도닷컴

〈3〉 http://www.poemlane.com/

미셀러니 4 비 오는 날의 방문

독성 있는 감자 싹처럼 내 오랜 기억들이 스물스물 내 의식을 잠식해 왔던 적이 있었다. 감자 싹들이 종국에는 감자를 다 먹어치워버리듯이 어둡고 독한 기억들은 내 심신 전체를 지배하려 들었다. 내 과거로부터 파생된 불안한 기억들과 싸워야 할 때마다 나는 있는 힘을 다해 전투에 임했다. 내 모든 의식을 동원해 나를 죽이려고 드는 어두운 기운들과 싸웠고, 매번 겨우 이기곤 했다. 그럴 때마다 나는 느꼈었다. 이 전투를 영원히 지속시킬 순 없을 거라고. 어느 순간엔 내가 무릎을 꿇게 될지도 모른다고. 그것이 미치는 순간일 거라고.

직감적으로 나는 내 마음속 어딘가에 혼자선 손댈 수 없는 그 어떤 영역이 있다는 걸 느꼈다. 누군가의 도움이 필요해…… 살기 위해 누군가를 찾으라고 본능이 내게 속삭였다. 내 마음속 어떤 방의 문은 나 혼자선 열 수 없었다. 누군가를 만나서 그 방문을 열어야만 하고, 그래야만 과거의 어두운 기억들을 방 쓰레기 몰아내듯이 싹 다 청산할 수 있었다. 그래서 나는 최면치료를 받아보기로 결심했다.

최면치료를 받기 위해 오후 늦게 집을 나서는데 갑자기 천둥번개가 치기 시작했다. 비가 내리고 날씨가 몹시 궂어졌다. 병원에 도착하니 내 과거와 현재를 묻는 기다란 설문지가 나를 기다리고 있었다. 의사는 내가 의식은 잘 깨어 있지만 무의식에 접근하는 데 도움이 필요할 거라고, 자기가 고치려고 애쓰는 부분이 바로 그 무의식이라고 말했다.

그날 바로 나는 서점에 가서 칼 융의 무의식에 관한 책을 사서 읽기 시작했다.

최면치료가 진행되면서 아주 많이 울었다. 그렇게나 서러웠는지 내 자신도 몰랐다. 약한 모습 보이고 싶지 않아서 화를 내고 분노하며 살아왔지만, 나는 사실 많은 것들에 너무도 슬퍼하고 있었다. 감은 눈 사이로 눈물이 흘러내릴 때마다 의사가 휴지로 눈물을 닦아주었다. 누군가 내 눈물을 닦아준다는 것이 너무 고맙게 생각됐다. 비록 돈을 내야 하는 상업적 관계일지라도 이 세상 어딘가에 내 말을 들어줄 곳이 있고 내 상처 입은 지친 영혼을 지켜봐 줄 사람이 있다는 것이 참으로 큰 위로가 됐다. 최면치료를 마치고서 의사는 눈물 닦는 데 휴지를 너무 많이 쓴 것 같다고 농담을 했다. 그렇게 첫째 날 치료가 끝났다.

그런데 최면은 꽤 오래 여운이 남았다. 그날 밤 나는 잠이 들기 전에 최면치료에서 보았던 과거 장면들을 다시 떠올렸고 또 눈물을 흘렸다. 다음 날 아침, 꽤 가벼운 기분으로 새벽 여섯 시 반에 일어났다. 아무 일이 없는데도 이렇게 일찍 일어나는 일은 드문 일이었다. 잠에서 깨고 나서 별 이유 없이 그냥 슬퍼져서 조금 울었다. 눈물을 치약처럼 다 짜내는 기분이었다. 가슴이 어쩐지 가벼워진 것 같았다. 두 번째 치료가 좀 기대됐다. 오늘은 어떨까?

의사는 내게 '현재와 관련된' 전생에 대한 기억을 떠올리라고 주문하였다. 나중에 그는 따옴표 안에 있는 말이 키워드였다고 설명했다. 그래서 관련되지 않은 전생은 떠오르지 않게 된다고. 눈을 감고 나는 어두운 계단을 내려갔고, 차가운 금속성의 문을 열고 하얀 빛으로 가득한 공간을 걸어갔다. 그 끝에 다시 검정색 홀이 보였고, 그리로 빨려 들어가면서는 날게 되었다. 날다가 구름 아래에 놓여 있는 커다란 대륙을 발견했고, 그곳에 착륙하였다. 생긴 모양으로 봐서 중국 동부라고 생각되었다. 나는 그곳에서 조선인 야학 선생님으로 살다가 쓸쓸히 죽었다. 다른 생에서 미국 시골에서 살던 에밀리가 되어 평범하게 살다가 죽었고, 영국 런던에서 아내와 두 딸을 둔 미스터 배일리로 살면서 성공했지만 외로운 남자의 삶을 살았다.

치료를 마치고 최면실에서 진료실로 나와서 의사와 담소를 나누었다. 여러 가지 심리학 책들에 관해 이야기했고, 내가 쓰는 글에 대해서도 이야기하게 됐다. 그는 이제 내가 글 쓰는 사람이란 걸 알게 됐다. 나는 그가 의사가 되기 위해 읽었던 심리학 서적들이 무엇이었는지 배웠다.

"오늘 어디 갔다 오는 길이에요?"

그가 한없이 부드러운 눈빛으로 미소를 띠고 말했다. 그것이 중요한 문제인가? 좀 갸우뚱긴 했지만, 순순히 논문 작업을 하다 오는 길이었노라고 말했다.

"혹시 어제 융의 책을 샀나요?"

나는 깜짝 놀랐다. 그는 어젯밤 내가 융의 《무의식의 분석》을 산 것을 어떻게 알았을까? 그는 정말 내 무의식에 깊이 들어와 본 것일까? 혹시 그와 융에 대한 이야기를 나눌 때 내 안에 들어와서 내 생각을 읽어낸 것일까? 나는 최면에 걸리는 바람에 의식이 읽히는 것을 다 방어

할 수 없게 된 것일까? 그의 짧은 질문 하나에 내 모든 체계가 덜컹 하고 흔들렸다.

그러고선 계속 이런저런 이야기를 나누다가, 화제가 내 일상과 과거 이야기에 머물게 되자 그가 뜬금없이 물었다. 맥락이 맞지 않는 곳이었다.

"그런데 첫 키스는 언제였나요?"

여기에도 순순히 대답했으나 점점 많은 것이 미궁 속으로 빠져들어 갔다. 물론 나로 말하자면 이 관계에서 위안을 받고 싶었다. 이런 치료들 만나보던 우리도 사람인지라 그와 나 사이에 래포*인지 뭐지가 형성된다는 것도 알고 있었다. 그래서 나는 너무 깊이 생각하지 않기로 했다. 어쩌면 그가 내 무의식에 반응했고, 그래서 내가 즐겁게 대답할 만한 질문을 던진 것일지도 몰랐다. 더 간단하게는 그가 묻기 좋아하는 유(類)의 질문을 던진 것일 수도 있고 말이다. 나는 어쨌든 이곳에 무엇이든 말하러 온 것이었고, 도움을 청하기 위해 의료서비스를 산 사람이었다. 우리 사이에 교감이 생긴 거라면 좋은 일이었고, 치료에도 더 도움이 될 거라고 생각했다. 그러니 질문들이 좀 이상하다는 생각은 그냥 접어두기로 했다.

이틀 후 세 번째 치료가 진행되었다. 진료실에 앉자마자 그가 나에게 물었다.

---

*) rapport: 마음의 유대. 서로 마음이 연결되어 통하는 상태

"일요일엔 뭘 했어요?"

으레 의사들이 상투적으로 할 수 있는 질문임에도 불구하고, 그가 정말로 궁금해한다는 느낌을 받았다. 그래서 아주 잠깐 그와 데이트를 나온 것 같은 착각이 들었다. 혹시 그가 일요일에 내 생각을 했을까? 갑자기 그 래포라는 것이 몹시 귀찮게 여겨졌다. 나는 감정을 정리하러 왔는데, 새로운 감정을 여기서 더 만들어가다니 곤란했다.

"오늘 바람이 너무 세요. 이곳에 오다가 간판이 두 개나 떨어진 걸 보았어요."

나는 인트로 개념으로 가볍게 날씨 얘기를 건넸다. 이제 그가 "저런, 바람이 그렇게 셌나요?"라고 대답하고 나면 최면치료를 시작하게 되는 시나리오였다. 그런데 그는 의외로 다른 반응을 보였다.

"그렇게 자세한 것까지 눈에 다 들어오나요?"

그는 내가 첫날 작성한 설문지를 내 쪽으로 쭉 들이 밀더니 내가 썼던 답변에 밑줄을 그으며 말했다.

"여기 종교를 묻는 문항에 본인이 한 대답을 봐요. 이렇게 답변을 다는 사람은 아무도 없어요."

나는 그 질문에다 "철학 서적들 탐독 후 종교를 불교로 결정"이라고 적어 넣었었다. 내 답변을 다시 읽고 나서 의사를 쳐다보니 그가 나를 빤히 바라보고 있었다. 나는 그때 그가 어떤 이유에선지 나에게서 동질감을 느끼고 있다고 생각했다. 그는 나에 대해서 많이 알게 되었으나, 나는 그에 대해 거의 모르는 상태였으니 왜인지는 알 도리가 없었다.

그러나 그의 눈빛은 밀교(密敎)의 신도들이 광장에서 부딪혔을 때 서로에게 보내는 것 같은 그런 메시지를 담고 있었다. 챙 하고 금속성 소리가 나기라도 할 것처럼 그의 눈빛이 안경 너머에서 반짝, 하고 빛났다. 나는 조금 무서워졌다. 그러나 그와는 별개로 이 남자가 나를 좋아해 줄지도 모르겠다는 생각이 들었다. 나도 모르게 그에게 암시를 건 셈이 됐다. 아마 전문가인 그는 금방 내 무의식에 도달했을 것이고, 내가 그를 위해 테이블 위에 마련해 놓았던 암시의 열쇠를 발견했을 것이다.

'들어왔다면 이 열쇠를 잡을 것'

2차 암시가 있었고 그는 이제 암시가 없이도 내 마음의 문을 열 수가 있다. 방 안에는 이런 암시가 놓여 있다.

'당신이 내 방 안 저 깊숙이, 아무도 와본 적이 없는 고독한 공간에 다다를 수 있다면, 오시오. 환영함.─추신: 사실 당신에게 기대를 품고 있음.'

최면치료 셋째 날은 이렇게 최면실 안에서 생각을 지우고 밖에서는 새로운 생각들을 더하면서 지나갔다. 이제 하루가 남아 있었다.

마지막 치료를 받던 날도 비가 몹시 내렸다. 사실 이 병원에 오던 나흘 내내 비가 내렸다. 마치 폭우가 치던 내 마음속과도 같았다. 이 최면치료는 과거의 나를 정리하고 지워준 대신에, 현재의 나를 흔들어 놓았다. 내 감정들을 흩뜨려서 원점으로 되돌리는 것이 이 의사가 하고 싶었던 일인가. 그게 더 자연스러우니까, 지금 약간 부자연스럽게 막아놓은 내 감정의 흐름을 뚫어 버리려고 시도한 게 틀림없어. 하지만 나는 아무것도 알 수가 없었다. 모든 게 다 당황스러웠고 망설여졌다.

치료를 마치고 진료실에 앉자, 그가 서가에서 《티벳사자의 서》를 빼 들었다. 첫날 여러 가지 책에 관해 이야기할 때 우리가 몰두했던 책이었다. 그는 이 책이 무의식을 공부하는 데 매우 중요한 책이며, 그 자신도 이 책의 영향을 크게 받았다고 말했었다. 그는 거의 그 책을 내게 줄 심산이었다. 그러나 나는 그 순간 '그 책을 내게로' 라고 암시를 걸지 않았다. 오히려 걸지 않으려 애썼다. 총명하고 예민한 그는 잠시 후 그 책을 다시 제자리에 꽂았다. 그는 내가 보내는 신호에 몹시 충실했다. 내가 책을 달라는 암시를 걸지 않은 것은 내가 그에게 돌아올지 말지 아직 결정하지 못했기 때문이다. 만약 그 책을 받게 되면, 그에게 반드시 돌아오겠노라고 약속하게 되는 것 같았다.

그가 말한 용어를 빌리자면, 나는 집단무의식으로서의 신화적 원형 암시에 사로잡혔던 셈이다. 지옥의 과일을 베어 문 자, 지옥을 벗어나지 못한다는 하데스의 룰. 그의 것을 얻었으므로, 반드시 그에게로 돌아가야 하는 페르세포네. 나는 좀 두려웠다. 내가 이 자리로 다시 돌아오게 될지 어떨지 나도 알 수 없었다. 그 어떤 약속도 할 수 없었다.

"어제도 글을 썼나요?"

그가 다시 부드러운 눈빛을 하고 내게 물어왔다. 내가 어제 내 타고난 운명과 고독함에 대해 글쓰며 생각한 것은 어떻게 알았을까. 그는 대체 내 안 어디까지 들어와서 나를 보고 나간 것일까. 나는 두려움과 호기심에 사로잡혀서 그의 눈을 나도 모르게 빤히 쳐다보았다. 이런 게임, 불공평하다. 나도 그에 대해 뭔가 알 수 있었으면 했다. 우리는 래포를 한 방향으로만, 그에게서 나에게로 형성하기로 약속한 사이였기에 나는 그에 대해 거의 알지 못했다. 이 사람, 대체 무슨 생각을 하고 있는 걸까. 그의 눈에 순간 집중했다. 그러자 그가 살짝 눈을 피하며 말했다.

"어, 이 눈 좀 봐. 내 속을 들여다보려고. 첫날도 그러더니."

그 말에 놀라서 내가 눈길을 거두자 그가 웃으며 덧붙였다.

"눈이 반짝 하고 빛나기 때문에 알 수 있어요."

그는 내 눈이 반짝였던 순간도 알고, 내가 그의 안을 잠시 들여다보았던 순간도 금세 알아챘다. 나는 나를 알아봐주는 사람이 좋다. 그는 나흘 간 내가 눈 감고 있는 동안 나의 희로애락을 지켜봐 줬다. 그와 그렇게 보낸 열 시간 때문에 감정이 생겨난 것일 게다. 그도 그런 것일까.

"오늘 비행기를 타고 돌아가나요?"

그가 옆으로 고개를 돌리며 물었다.

나는 고개를 끄덕였다. 오늘 헤어지고 나면 오래도록 못 만날 것이다. 어쩜 영영 못 만날 수도 있다. 나는 그에게 이메일 주소를 달라고 할까 말까 망설였다. 이메일을 받는다면 여기 돌아올지도 모르니 말하지 말자라는 생각이 들었다. 그래도 이메일 하나 받아간다고 많은 것이 변하지도 않을 텐데 나중에 맘이 바뀔지도 모르니 그냥 달라고 해볼까. 사실 나는 내가 이곳에 돌아오고 싶은지 아닌지도 잘 모를 정도로 갈팡질팡하고 있었다. 그때, 그가 자기 명함을 한 장 빼더니 뒷면에 개인 이메일 주소를 적어서 건넸다.

"편지해요. 생각날 때."

그는 이번에도 내 생각을 읽은 모양이었다. 그렇다면 내게 이메일 주소를 준 것은 이리로 다시 돌아오라는 신호인 건가. 내가 혼자서 품고 있던 생각들을 그가 불쑥불쑥 말할 때 정말 놀라움을 금할 수가 없다. 놀랍지만 어쩐지 위험하게 느껴지는 이 사람, 내 안 어디까지 들어와 본 걸까. 정말 궁금해. 내 안으로 들어오지 않았다면 정말이지 이렇게 내 생각을 그대로 읊어낼 수 있는 걸까. 나와 이렇게까지 생각이 닮아 있을 수 있는 걸까.

"사실 나와 비슷하게 생각하는 구석이 많아서 좀 놀랐어요. 나도 비슷한 어린 시절을 보냈거든."

내 설문지를 만지작거리면서 그가 시선을 그리로 떨군 채 말했다. 어떤 부분이 닮은 걸까. 그는 몇 살일까. 가정이 있겠지? 그는 나에게서 어떤 자신의 모습을 발견한 걸까. 그도 어린 시절에 가정 안에서 상처를 받았고, 이 세상에서 살아남겠다고 마음을 다잡았던 적이 있는 것일까. 이제 헤어져야 하는데, 나는 정작 지금에서야 상대에 대해 궁금증이 생겨나기 시작했다. 관계의 끝이 보이려 하는데 마음이 막 열리려하고 있었다.

"이리 와요."

그가 불현듯 자기 자리에서 벌떡 일어서더니 두 팔을 활짝 벌렸다. 이리 오라고, 포옹하자고 두 손이 나를 불렀다. 나는 자석이라도 된 것처럼 그의 품으로 끌려 들어갔다. 그가 나를 꽉 안아주었다. 그의 품은 넓고 푸근했다. 우리는 그렇게 고단했던 나의 과거에, 그리고 내 것과 꼭 닮았다던 그의 과거에 따스하게 작별을 고했다.

내가 그곳을 다시 찾지 않는다면 우리 두 사람에게 이번 일은 오헨리 단편선의 이야기들 중 하나처럼 남을 것이다. 제목은 '비 오는 날의 방문' 정도가 어울리지 않을까. 총명하고 상처 있는 의사를 어느 날 찾아온 같은 부류의 냄새가 나는 여자. 나흘 내내 울고 결국 깊이 마주 안고 헤어지다. 상처 입은 두 영혼이 마주보고 서로의 상처를 확인하고 함께 위로하다. 그날 저녁 나는 시애틀로 돌아오는 비행기 안에서 이 이야기를 먼저 쓴 다음, 유치환과 이영도의 사랑 이야기를 쓰기 시작했다.

착한 불륜, 해선 안 될 사랑은 없다

2장

사회적 통념에 대한
도전, 그 무엇도
두렵지 않은 사랑

1. 파격과 파계의 모호한 경계,
　 원효대사와 요석공주의 일주일

들어가며

원효대사(617~686)

　설씨라면 누구나 가문의 대조상인 원효대사의 일생에 대해 한 번쯤은 관심을 가져 보았을 것이다. 또한 한국 불교를 말할 때 반드시 원효대사가 언급된다는 사실에 자부심도 품어 보았을 것이다. 그렇지만 대사의 행적을 따라가 볼 때, 그토록 온 민족에게 추앙받는 그가 한 여인과의 사랑을 이루기 위해 '파계'를 감행했다는 사실은 혼란스럽지 않을 수 없다. 규율을 어겼음에도 대사제로 존경받고 있는 그의 일생을 어떻게 이해하면 좋을까. 이제 적당히 나이가 들어 다시 한 번 대사가 직면했던 인생의 선택을 생각해 봄에, 그가 행했던 것이 파계라기보다는 이데올로기와 인간이 만든 율법을 뛰어넘은 '파격'이 아니었을까 조심스레 추측해 본다.

'설씨녀(薛氏女) 설화'로 미루어 본 당대 상황

'설씨녀(薛氏女) 설화'를 보면, 설씨녀는 신라 진평왕 시대에 살았던 경주 여자로 평범하고 가난한 가문의 사람이었다고 되어 있다. 진평왕은 10대 중반 왕위에 즉위하여 서기 579년부터 632년까지 통치한 왕이므로, 원효대사의 윗세대부터 유년 시기까지 진평왕이 신라를 다스렸다는 사실을 알 수 있다. 이 시기에 살았던 설씨녀의 집안은 한미하고 가난했고 노인인 아비마저 종군해야 할 정도로 가세가 기울어 있었다. 그러나 설씨녀는 "안색이 단정하고 행실이 바르므로 보는 사람마다 곱다고 하지 않는 사람이 없었고 그래서 아무도 함부로 대하지 못하였다."라고 전해진다. '설씨녀 설화'가 한 번 정한 약조를 끝까지 지킨 여인의 순정과 정절을 기린 이야기였음을 생각해 볼 때, 설씨녀는 반듯한 집안에서 잘 교육받고 자란 규수였지만 어떤 이유로 인해 집안이 기울면서 가난하게 자라났을 것이고, 원래 집안이 평민은 아니었기에 수변 사람들이 함부로 대하지 못했다고 짐작할 수 있다. 그러니 가세가 기울어진 것은 아버지대의 후반이거나 설씨녀가 어릴 때였을 것이다.

설씨가 신라 개국 세력인 여섯 부족의 하나였음을 생각해 보면 원래부터 평민이 아니었을 것은 확실하다. 여섯 부족에서 비롯된 육두품은 분명 왕족에 버금가는 권력을 누렸을 것이다. 말하자면 왕족을 제외하고는 아쉬울 것이 없는 지배세력이었으며, 각자의 부락이 형성된 곳에서는 지역 유지로 큰 세를 누렸을 것이다. 그랬던 집안이 왜 기울어졌을까. 그 추론은 꽤 간단하게 해볼 수 있다. 같은 계급을 가진 세력이 한두 개도 아니고 여섯 개나 된다. 우리나라 현대 정치만 봐도 몇 개 안 되는 당이 연합했다 찢어졌다 손 잡았다 남이 됐다 권력을 잡기 위해 야단법석이다. 나는 육두품들의 권력 투쟁에서 피비린내를 맡는다. 설씨는 권력을 잡기 위해 뒹굴어야 하는 부족 간의 진흙탕 싸움에서 끝내 패배하여 몰락하고 말았을 것이다.

기록에 의하면, 원효대사(617~686)는 잉피공의 손자이자 내마 담날의 아들로 태어났다는 사실이 기록으로 전해지고 있다. 설씨의 뿌리를 거슬러 올라가기 위해 참고로《삼국사기》를 보면, 신라가 처음 세워지던 때 여섯 부족의 족장이 계림(鷄林)에서 알을 받들어 와서 여섯 부락이 형성되었고, 신라 유리왕 9년(서기 32년)에 6촌에 성씨를 하사하였다고 되어 있다. 설씨는 그중 하나로, 이때 하사된 성씨에는 이씨, 최씨, 손씨, 정씨, 배씨, 설씨(李氏, 崔氏, 孫氏, 鄭氏, 裵氏, 薛氏)가 있었다. 이 중 세 성은 후일 중앙권력으로 편입되었으나, 설씨를 비롯한 나머지 세 성은 변방으로 밀려나게 됐다. 그리하여 설씨는 육두품에 머물게 됐고 높은 벼슬로 나아갈 길이 요원해지자 자연스럽게 학자와 승려들을 배출하게 된 것으로 보인다.

설화랑의 활약

내친 김에 원효대사의 가계도를 조금 더 조사해 보았다. 다시《삼국사기》를 보면, 원효의 조부 잉피가 화랑 중의 화랑인 제7대 풍월주를 역임한 설화랑(薛花郎 혹은 설원랑, 549~606)의 둘째아들이라는 기록이 남아 있다. 화랑이 누구인가. 화랑도는 왕과 귀족 자제만이 들어갈 수 있었던 청소년 심신수련 조직을 가장한 정예군이 아니던가.《삼국사절요》,《동국통감》,《화랑세기》를 따르면, 풍월주(風月主)는 540년부터 681년까지 지속된 화랑도의 수장으로 총 32명의 화랑에게 승계되었다. 설화랑은 572년부터 579년까지 풍월주로 활약한 것으로 알려져 있다. 《삼국유사》탑사편에는 조금 다른 내용이 서술되어 있는데, 진흥왕(재위 540~576년)이 원화제도를 폐지하고 화랑을 신설하면서 설화랑을 초대 국선으로 삼았다고 되어 있다.《삼국사기》에는 원화제도가 폐지된 것이 진흥왕 37년이라고 하고 있고 화랑이 신설되었다고 하고 있다. 두 역사서만을 놓고 본다면 진흥왕이 통치한 마지막 해에 여자 위주의 원화제가 폐지되면서 남자 위주의 새로운 조직으로 개편되었고, 그 수장(首將)으로 그 당시 풍월주였던 설화랑이 지목됐다는 것을 일 수 있다. 이처럼 한때 설씨는 왕의 최측근에서 비(非)왕족으로서 최고의 권위를 가진 인물이었다. 그 당시 설화랑은 이미 풍월주로서 최고의 자리에 오른 상태였다. 원화제도로 인한 잡음에다 화랑제 자체도 파가 갈리면서 국선과 풍월주가 각파의 우두머리가 되었다고 전하는 《화랑세기》[**]를 참조해 보면, 신라 역사의 패권왕(覇權王)이었던 진흥왕 시대에 권력을 둘러싼 암투(暗鬪)가 치열했고, 그리하여 진흥왕이 제도의 개혁을 꾀했으며, 그 과정에서 설화랑이 왕의 최측근이 되었을 가능성이 높다는 짐작을 해볼 수 있다. 만일 그랬다면 설화랑의 권력은 진흥왕 생전에 무척 대단했을 것이 틀림없다. 진흥왕과 정치 생명을 같이하면서 그를 목숨 걸고 지킨 장군, 진흥왕의 정치적 투사가 설화랑이었던 것은 아닐까.

김춘추와 보라궁주 설씨

설화랑의 자손들을 잠깐 살펴보면 16대 풍월주 보종공(580~621)이 그의 아들이라고 하는데, 원효대사의 조부 잉피공이 그의 둘째 아들이라고 전해지는 것을 보면, 풍월주를 지낸 보종공은 첫째 아들인 것 같다. 보종공의 둘째 딸인 보라궁주 설씨는 훗날 태종무열왕(602~661)이 된 김춘추와 혼인하였으나 딸만 둘을 낳고 산후병으로 죽었다. 보라궁주 설씨의 생존 연대는 알려져 있지 않으나 그의 언니되는 보량궁주 설씨가 604년부터 670년(문무왕 10년)까지 살았던 것으로 전해진다. 김춘

[**]) 비록 《화랑세기》가 위작 논란이 있기에 내용을 고스란히 믿을 수는 없지만, 이 글에선 풍월주의 역할을 엿볼 수 있는 여러 자료들 중 하나이고, 다른 역사서들과도 내용이 상이하지 않으므로, 여기에서 참고삼아 이야기하였다.

추는 52세에야 왕에 오른 대기만성(大器晩成)의 표본으로 보라궁주 설씨는 안타깝게도 이런 김춘추의 성공을 끝까지 함께 못 하고 요절한다. 김춘추가 설씨를 무척 사랑했다는 것은 그가 설씨의 생전 모습을 쏙 빼닮았던 큰딸 고타소 공주를 지극히 사랑했다는 기록에서 짐작할 수 있다. 고타소 공주는 642년 대야성 전투에서 남편인 성주 김품석과 함께 전사하는데, 태종무열왕이 공주의 죽음을 몹시도 슬퍼했다고 전해진다.

후에 김춘추는 김서현의 차녀 김문희와 혼인을 했는데, 그녀가 바로 그 유명한 '비단을 두고 산 꿈'의 주인공이자 김유신(595~673)의 둘째 여동생으로, 훗날 문명왕후가 되어 아들 문무왕이 즉위한 후 섭정을 하면서 그의 오라비 김유신과 함께 신라를 지배했던 야심 찬 여인이다. 적극적으로 김춘추의 옷을 바느질해 주어 마음을 사고 통정(通情)까지 한 데다가 그의 오라비와 짜고 화형극까지 벌이면서 김춘추의 부인이 된 것을 보면 문희는 김유신의 가장 훌륭한 정권 파트너로서 그 배짱이 김유신 못지 않았던 것 같다. 반면에 서라벌을 시원하게 오줌으로 채운 길몽을 꾸었던 장본인이었던 김보희도 제 꿈이 아주 헛되지만은 않았으니, 동생 문희가 닦아놓은 왕궁길을 소리소문 없이 수월하게 걸어들어가 김춘추의 빈(嬪)인 문원부인이 되었다. 그는 슬하에 아들 셋과 딸 하나를 두었는데, 그 딸이 바로 요석공주(瑤石公主)로 후에 원효대사를 만나 설총을 낳은 인물이다.

대를 건너 이어진 인연

'운명적 사랑'이라는 흔한 단어를 쓰고 싶지는 않지만, 앞에서 길게 이야기한 바와 같이 원효대사와 요석공주의 만남은 단순히 왕이 중재한 파계승과 과부였던 공주의 짧은 만남이 아니다. 왕이었던 김춘추는 설씨 집안의 사위였던 만큼 같은 집안에서 소문난 인재인 원효대사를 눈여겨보았을 것이 틀림없다. 그렇게 보면 홀몸이 된 요석공주가 다른 스님이 아닌 원효대사의 법문을 듣게 된 것도 집안의 자연스러운 선택이지 않았을까. 출가한 몸이면서도 속세와 완전히 연을 끊을 수 없었던 대사의 고뇌가 심했으리라는 짐작이 간다.

원효대사의 조부가 그저 잉피가 아닌 잉피공(公)으로 존칭됐던 것을 보면 대사의 증조인 설화랑의 영향력이 대사의 조부 대(代)까지 미쳤음이 짐작된다. 그러나 대사의 아버지인 설담날이 총 17위 관직 중 11위에 해당하는 '내마'라는 하급관리였던 것을 보면 가세는 서서히 기울고 있었던 것으로 보인다. 이후 설담날은 629년 8월 진평왕의 명령으로 제13대 풍월주(596~603) 출신인 김용춘(金龍春, 김춘추의 부친)과 김서현(金舒玄, 김유신의 부친)이 고구려의 낭비성(娘臂城)을 칠 때 출전했다가 전사한 것으로 나온다. 설씨와 김씨 가문이 혹여 신분의 차이가 있었을지는 모르겠으나 결코 남이 아니었다는 것을 알려주는 대목이다. 요석공주는 어쩌면 원효대사가 아니고서는 다른 사람을 생각할 수 없었던 것인지도 모른다.

나는 이 대목에서 소설적 상상을 했다. 요석공주는 처음부터 원효대사와 혼인을 하고 싶었으나 대사가 이미 출가한 몸이어서 마음을 접고 다른 사람에게 시집을 간 것이라면. 그런데 역시 인연이 아니어서 일찍 남편을 여의었고 그렇게 홀로 된 딸을 보던 태종무열왕이 너무 마음 아파한 나머지 넌지시 원효대사에게 부탁을 한 것이라면. 대사와 공주의 만남을 묘사한 이야기를 보면 두 사람이 합궁하

설총(655~?)의 모습

여 일주일간 바깥 출입을 하지 않고 방에서만 지냈다고 되어 있다. 대사는 "한 여자를 구하지 못하고 어떻게 대중을 구할 것인가, 내가 나라를 떠받칠 기둥을 깎으리로다."라는 말을 남기고 공주에게로 갔고 일주일이 지난 후에 뒤를 돌아보지 않고 길을 떠났다고 했다. 후에 요석공주는 홀로 설총을 낳았다. 어쩌면 대사와 공주의 만남은, 한 여자의 지아비로 살 수 없는 운명의 남자를 맞아 그를 닮은 아들을 낳고 그에 의지해서 살고자 했던 가련한 운명의 여인이, 권력이 있었던 그의 아버지에게 간곡히 청해서 이루어진 것은 아니었을까?

맺으며

대사가 요석공주의 손을 잡아준 것이 무슨 이유에서였던지 간에 한

가지 변하지 않는 것은, 그가 한 여자를 위해 일주일간 계율을 어겼다는 사실이다. 종교를 떠받치고 있는 근간이 믿음과 규율임을 생각해 볼 때, 그가 그의 여자에게 주었던 것은 그의 전부와도 같다. 그의 일생을 걸어 추구해 온 신념이 무너질 수도 있는 위기의 순간에 대사는 사랑에 전부를 걸은 것이나 다름 없다. 분명 그는 세계가 무너지는 경험을 했을 것이고, 그가 해골에 든 물을 마셨을 때 깨달았던 '일체유심조(一切唯心造)'를 다시 한 번 되새겼을 것이다.

한 여자를 품은 일주일이 지나고 스스로를 파계승이라 조롱하며 대중에게 쉬운 불교를 전파하기 위해 걸인의 모습으로 전국을 누볐던 대사의 생애를 생각해 봄에, 그의 사랑은 그의 신념을 좀 더 큰 그릇에 담기 위한 모험이었고, 파격적 실험이었으며, 한 사람에게 가까이 다가간 경험을 통해 더 많은 사람들을 구원하기 위한 통과의례 같은 것이 아니었을까. 그리고 단 일주일이었지만 이렇게 큰 남자를 만나기 위해 오랜 시간을 기다리고, 또 그가 떠난 후에 함께했던 시간을 떠올리며 설총의 어머니로 살아갔을 요석공주 역시 보통 사람은 아니었으리란 생각이 든다.

천오백여 년 전 옛날, 원효대사와 요석공주는 관습과 계율에 반(反)하여 그들의 사랑을 용기 있게 지켜냈고, 둘의 인생 전부를 걸었던 파격적 사랑은 아들인 훌륭한 언어학자 설총의 업적으로 인해 더욱 의미 있게 역사에 남을 수 있었다.

미셀러니5 원효대사의 손자, 설중업

　역사에 이름을 남긴 인물을 할아버지와 아버지로 둔 사람의 인생은
어떻게 흘러갔을까? 신라 당대에 원효대사의 손자가 일본국 진인(眞人)
을 만나 대사의 손자라는 사실 덕분에 후하게 대접받았다는 기록이 있
다. 그의 이름은 설중업(薛仲業)으로 신라 혜공왕·선덕왕 때 활동한 외
교가로 알려져 있다. 설중업은 일본의 진인(眞人)으로부터 〈증신라사설
판관시(贈新羅使薛判官詩)〉를 선사 받는데, 그 서(序)에 "일찍이 원효거사
(元曉居士)가 지은 《금강삼매경(金剛三昧經)》을 보고 그 사람을 보지 못
한 것을 깊이 한(恨)하였는데, 신라국사(新羅國使) 설(薛)이 곧 거사의 포
손(抱孫)임을 듣고…… 기뻐하여 이에 시를 지어준다."라는 구절이 《삼국
사기》에 나온다. 《속일본서기》에는 설중업이 "780년(선덕왕 1) 정월에 일
본에 사신으로 갔는데 대판관(大判官) 한나마(韓奈麻: 大奈麻)로서 일본
의 광인왕(光仁王)으로부터 종5품하(從五品下)의 일본관직을 받았다."라
는 구절이 실려 있다.

　위대한 선사였던 할아버지를 존경한 외국인들이 그에게 손자라는 이
유로 명예관직까지 하사한 것이다. 아마도 혜공왕과 선덕왕이 그를 대
일 외교전문가로 발탁한 것도, 그가 원효대사의 손자란 사실이 일본인
들의 호감을 불러일으킬 것이라고 판단해서였을 수도 있다. 사실 원효
대사의 인기는 우리나라에서보다 일본에서 엄청나게 높다고 말해도 좋
을 정도로 대사가 커다란 존경을 받고 있었다. 그 외에도, 《송고승전(宋

高僧傳》을 비롯한 중국 사서들에서도 원효대사의 일화가 발견되는 것을 보면, 그가 불교에 미친 공적이 우리나라뿐만 아니라 외국에서도 크게 알려지고 칭송받았음을 알 수 있다.

그러나 이를 두고, 아니 할아버지 덕분에 이렇게 인생이 쉽게 풀리다니 하고 설중업을 샘낼 일은 아니다. 원효대사의 아버지인 설담날이 나마였으나, 대사의 손자였던 설중업은 대나마(10등급, 5두품 최고직)를 지냈다. 보통 조상의 덕을 입어 음서(蔭敍)로 관직에 진출하게 되면, 조부나 부친보다 낮은 품계를 하사받아 한직(閑職)에 근무하게 마련이지만, 설중업은 그의 증조부보다 높은 관직을 지냈다. 원효대사 같은 뛰어난 인물을 할아버지로 둔 손자들이 모두 벼슬을 하는 것은 아닐 것이다. 오히려 조부모나 부모가 지적으로 성취한 인물임에도 그 자손의 됨됨이가 모자란 경우, 열등감을 느끼며 비뚤어지는 경우도 허다하다. 결국 원효대사의 손자로 태어난 것은 설중업의 복이었을 뿐이고, 그는 그 복을 받아서 자기 인생을 잘 발전시키고 가문에 누가 되지 않게 성실하게 살아간 것이다.

나는 할아버지가 동아시아의 대승이었고, 아버지가 신라의 3대 문장가로 손꼽혔던 설중업이 그 태생의 부담감 ─ 그들의 자손이라니, 얼마나 부담이 컸을까! ─ 을 성공적으로 떨쳐내고 이름을 알린 외교가로서 자기 자리를 잡은 것만으로도 이미 유능하고 강단 있는 사람이라고 생각한다. 작은 예로, 그는 대일외교가였으니 분명 일본어를 익혀서 구사했을 텐데, 이는 할아버지나 아버지가 잘했다고 되는 일도 아니고, 누가 억지로 가르친다고 되는 일 또한 아니다. 본인이 열심히 공부해서 자기 머리에 넣어야 하는 공부인데 그것을 해내서 국가의 일을 하였으니, 설중업 또한 보통 사람은 아니었던 셈이다. 하긴 그의 아버지 설총이 이두문자를 총괄 정리하여 언어로 체계화한 뛰어난 언어학자였다는 것을 생각해 보면 설중업도 필시 언어에 재능이 있었으리라 추측이 된다.

참고로 설총의 업적에 대한 이해를 돕기 위해 부연하자면, 프랑스 프로방스 지방의 시인이자 언어학자였던 프레데릭 미스트랄이 오크어 문학 전통을 부흥시키기 위해 시를 쓰고 사전을 편찬한 예를 들 수 있을 것이다. 1878년 그가 편찬한 두 편의 시집은 현대까지도 읽히고 있을 만큼 대단한 업적이었고, 이러한 빛나는 노력들이 바탕이 되어 미스트랄은 1904년 노벨문학상을 수상하기에 이른다. 설총은 7세기 후반 사람으로 미스트랄보다 무려 1300년이나 앞서 살았던 인물이다. 그는 향찰을 집대성해서 한문을 국어화하고 유학 연구를 쉽고 빠르게 할 수 있도록 발전시켰다. 6경을 읽고 새기는 방법을 개발했고 9경을 처음으로 강론했다. 설총이 만일 미스트랄과 동일한 시대에 유럽에서 활동했더라면 노벨문학상 수상은 떼어논 당상이었을 것이다.

비단 설중업의 경우뿐만 아니라, 현대에도 유명한 조부의 영향이 자신의 대에까지 미친 예를 어렵지 않게 찾아볼 수 있다. 중국 근대사에 커다란 획을 그은 마오쩌둥의 손자는 할아버지 덕에 별다른 업적 없이도 대우받으며 편히 사는데, 그런 그를 비꼬는 사람들은 그의 별명을, "우리 할아버지가 말하기를(我爷爷说)"이라고 지어 부른다고 한다. 자기 권위를 찾기 위해 항상 마오쩌둥 이야기를 입에 달고 산다고 해서 생긴 별명이라고 한다. 우리나라에서도 삼성의 창립주 이병철 회장의 손자손녀가 재벌 3세 경영인으로 삼성의 임원으로 지명된 예를 찾아볼 수 있으니, 특별한 조부를 둔 덕에 시작부터 존중받는 삶을 사는 이들이 우리와 같은 시대에도 살고 있다는 사실을 어렵지 않게 확인할 수 있다.

그런가 하면 훌륭한 아버지를 두고도 무너진 사람도 있다. 신라의 패권군주였던 진흥왕의 아들 진지왕은 아버지의 이름에 먹칠을 할 정도로 실정(失政)한 왕이었다. 진지왕은 음란하고 추문이 끊이지 않아 군주로서의 자질 논란에 여러 번 휩싸였는데, 결국 재위한 지 3년 정도 만에 내쫓기고 말았다. 그러니 훌륭한 아버지를 두었다고 해서 반드시 인생이 잘 풀리는 것만도 아니다. 다 자신의 노력이 뒷받침되어야만 하는 것이다.

그렇지만 아무리 담담하게 생각하려 해도, 설중업이 할아버지의 명예에다 아버지의 재능까지 물려받은 것을 생각하면, 세상 불공평하다는 소리가 나올 법도 하다. 나는 어마어마한 부잣집에 태어난 재벌 3세는 부럽지 않지만, 이렇게 지적 명예와 뛰어난 지성이 대를 잇는 집안에 태어난 설중업은 몹시 부럽다. 가장 가까이 있는 사람이 자기가 살고 있는 나라에서 가장 위대한 지성인이라니. 아주 어릴 적부터 보고 듣고 읽는 것이 달랐을 것 아닌가. 호기심이 생겨나서 머릿속에 머물 시간도 없이, 아버지와 세상 살아가는 이야기를 하다 보면 매일매일이 훌쩍 흘러갔을 테고, 자신은 저도 모르게 큰 사람으로 성장해 있었을 것 아닌

가. 아, 정녕코 부러운 일이다. 그래도 내가 그들의 아주 머언 후손인데, 내 핏속에도 그들의 고매한 지성이 아주 얇은 실핏줄 만큼이라도 흐르고 있다면 좋으련만.

2. 모딜리아니와 에뷔테른, 목숨을 건 사랑보다 위험한 것은 없다

들어가며

우리가 학창 시절 미술 시간에 가끔 보았던 목이 긴 여인을 그린 화가가 모딜리아니란 것을 많이들 알고 있을 것이다. 그렇다면 과연 그 목이 긴 여인이 실존 인물이었으며 모딜리아니와 사실혼 관계에 있던 그의 부인이란 것은 얼마나 알려져 있는 것일까. 뿐만 아니라 그 여인이 스물두 살이란 젊은 나이에 남편을 따라 투신 자살로 생을 마감했다는 것은 후대의 우리들에게 어떤 의미로 남아 있는 것일까.

사랑인가 독약인가

아메데오 모딜리아니와 잔느 에뷔테른의 사랑은 미술사 애호가들에게는 이미 유명한 사랑 이야기이다. 둘의 사랑은 죽음도 초월한 애절한 사랑으로 회자되어 왔다. 첫 만남부터 둘의 사랑은 극적 요소를 다분히 품고 있었다. 유태인의 혈통을 자랑스럽게 여기는 집안에서 자라난 모딜리아니와 가톨릭 부르주아 집안에서 태어난 에뷔테른의 만남은 집안에서 결코 환영받지 못했다. 배경만 다른 것이 아니라 나이 차이도 문제라서, 에뷔테른은 고작 열아홉 살에 불과했고 모딜리아니는 이미 서른셋이었다. 그는 그냥 나이만 먹은 것이 아니라 가난한 데다가 술과 마약에 찌들어 있기까지 했다. 이런 사랑이 동서고금 어디를 막론하고 허락될 리 없다. 내 딸이 그랬다면 통곡하면서 자리에 드러누울 일이다. 이런 종류의 치명적 사랑은 관람하는 자에게는 가슴을 뛰게 하는 로맨스지만, 그 사랑에 빠진 자를 눈 멀게 하는 독약이요, 그들을 사랑하는 가족들에게는 가슴을 찢어놓는 형벌이다.

때로 낭만은 위험하다

나는 삼십 대에 들어서고 나서 영화 〈타이타닉〉을 다시 보면서 비슷한 생각을 한 적이 있었다. 케이트 윈슬렛과 레오나르도 디카프리오가 배 갑판에서 날개를 펼치면서 만끽하던 연애와 자유는, 고생을 모르고 자란 부잣집 딸과 그런 여자를 한 번도 만나본 적이 없는 배고픈 화가의 소꿉장난처럼 보이는 면이 있었다. 만일 여자가 늘 삼등칸을 타야 했고, 배를 곯아야 할 만큼 가난한 집안에서 자라났더라면 화가와의

영화 〈타이타닉〉(1997)의 포스터

연애에 관심이 갔을 리가 없다. 만일 그런 상황이었다면, 오히려 여자의 이상형은 영화 속에서 그가 그렇게 지켜워 마지않던 그의 약혼자가 되었을 것이다.

사실 여자가 약혼자를 택하지 않고 화가를 택했을 때 이미 그는 삶이 아니라 죽음을 택한 것과 같다. 약혼자를 택했더라면 보트에 앉아서 구조를 기다릴 수 있었을 텐데, 화가를 택하는 바람에 여자는 얼음 같은 바다 위에서 둥둥 뜬 채로 구조를 기다려야 했다. 결국 그 비싼 사랑의 값을 치르고 화가는 동사하고 마는 것이다. 영화 속의 사랑이 죽음으로 마감이 되었기에 보는 이들에게 '아, 낭만적 사랑이란' 식의 감동을 선사한 것이겠지만, 이 사랑이 실화였다고 가정한다면 이 얼마나 위태로운 삶인가!

이 목숨이 다하도록 열렬히

하지만 치명적 사랑에 빠진 에뷔테른은 부모의 반대를 무릅쓰고 모딜리아니와 동거를 시작했고 그 이듬해에 딸 잔느를 낳았다. 치명(致命) —'목숨이 다하도록'— 이란 뜻이다. 그는 제 사랑의 강도에 몹시 충실해서 사랑하는 이를 따라 목숨을 끊어버릴 때까지 열렬히 삼 년간 이 위험한 화가와 운명을 함께했다.

역사를 두고 많은 예술가들의 생애가 증명
해 왔듯이, 예술가를 사랑한다는 것은 쉽지
않은 일이다. 그것도 뛰어난 예술가일수록 그
의 분방한 예술혼을 다스리기 힘들어서 생활
에는 무관심하기 일쑤이다. 모딜리아니도 별
반 다르지 않아서 생계를 유지하는 일은 뒷
전이고 술과 마약에 절어 있어서 둘의 생활
은 궁핍함을 벗어날 수 없었다. 그럼에도 젊
고 열정적인 에뷔테른은 변함 없는 애정을 모
딜리아니에게 쏟았다.

모딜리아니 작 〈노란 스웨터를 입은
잔느 에뷔테른〉(1918~1919)

모딜리아니가 그린 목이 긴 에뷔테른의 그림은 수없이 많지만, 나는
주황색 스웨터를 입은 이 그림을 좋아한다. 둘의 생활은 끼니를 잇기도
어려울 정도로 어려웠다지만 사랑하는 여인을 바라보는 화가의 눈은
온통 따뜻하기만 하다. 자신을 조건 없이 사랑해 주는 이 여인은 포근
한 주황색 스웨터를 입고 붉은 머리카락을 하고 둘의 정열만큼이나 붉
은 소파 위에 앉아 있다. 이 그림을 보고 있노라면 어리석게 여겨질 정
도로 위험한 사랑을 왜 그들이 멈출 수 없었는지 알 수도 있을 것 같
나. 사랑은 설계되거나 조절되는 것이 아니니까. 이 목숨이 다하도록 둘
은 사랑할 수밖에 없었던 걸 게다.

꽃다워서 안타까운

사람의 외모를 두고 평가하길 좋아하는 값싼 우리나라식 비평은 에 뷔테른을 가리켜 무척 미인이었다고 해놓았고, 모딜리아니를 가리켜 역사상 가장 잘생긴 화가라고 추켜세웠다.(마치 잘생긴 사람들이 한 사랑이라 더 극적이라는 듯한 표현이 몹시 거슬린다. 영원히 사라지지 않을 것 같은 이 미남미녀 타령이라니!)

잔느 에뷔테른은 물론 예쁘다. 남아 있는 사진이 몇 개 없는 이유는 사진을 많이 찍지 않던 시절에 요절했기 때문일 것이다. 처연하리만큼 깊은 눈을 하고 아름다운 자태를 간직한 이유는 사진을 찍은 시간이 스무 살 언저리여서 그럴 것이다. 무엇을 입어도, 화장을 안 해도, 아무렇게나 머리를 해서 흩어놓아도 꽃처럼 예쁜 나이다.(앞서 보았던 한나 아렌트와 클라라 슈만의 스무 살 무렵도 얼마나 싱그럽고 예뻤나.)

잔느 에뷔테른(1898~1920)의 모습

스물둘은 사랑에 모든 것을 걸 수 있는 나이이기도 하다. 만일 모딜리아니가 마흔셋이고 에뷔테른이 서른둘이었더라도 그는 자살을 감행할 수 있었을까. 그것도 뱃속에 9개월된 생명을 잉태한 채로, 남편이 사망한 지 이틀 만에 두 살된 딸을 남겨 놓고 그렇게 떠나버릴 수 있었을까. 젊고 아름답고 용감한 여인에게 사랑하는 사람은 온 세상이고, 생명이고, 살아가는 의미였던 셈이다.

둘의 사랑 이야기가 우리 가슴에 아프게 남는 이유는 에뷔테른이 아직 젊었고, 그래서 무모하리만치 사랑에 모든 것을 걸었기 때문이다. 죽음도 갈라놓지 못한 사랑이 세상에 실재했었다는 것을 확인하게 된 기쁨, 그리고 그와 동시에 밀려드는 안타까움 때문이다. 에뷔테른은 죽어서도 부모의 반대로 모딜리아니 곁에 묻히지 못했다가, 시간이 오래 흐른 뒤에야 가족들의 동의 아래 모딜리아니 옆으로 옮겨졌다.

맺으며

사진은 술과 마약에 심신을 내어주기 전에 찍은 모딜리아니의 모습이다. 그가 만일 에뷔테른을 만나지 않았더라면 두 사람의 삶은 어떻게 달라졌을까? 모딜리아니는 그의 여자를 모델로 삼은 아름다운 명작들을 남기지 못했을 것이다. 에뷔테른은 격정적인 사랑 대신 자신의 재능을 살려 그림을 그렸고, 보다 안정적인 남자를 만나시 얼정을 바쳤을지도 모를 일이다. 두 사람의 딸 잔느는 두 살에 부모를 잃고 외롭게 자라지 않아도 좋았을 것

아메데오 모딜리아니(1884~1920)의 모습

이고, 나중에 아버지를 기리며 《모딜리아니: 인간과 신화》를 집필하지 않았을지도 모르겠다.

사랑만큼 인간의 삶을 송두리째 바꿔 놓는 사건이 또 있는가. 사랑만큼 반이성적이고 비논리적이며, 때로 사람을 죽일 수도 있는 위험한 감정이 또 있는가.

미셀러니 6 아버지, 잊지 않을게요

며칠 전 새벽 꿈에 돌아가신 아버지가 보였다. 우리가 만난 곳은 안개가 자욱한 중학교 운동장. 나는 꿈속에서 항상 학교에 있다. 평생 공부하며 살 운명인 걸까. 아버지가 날 찾아온 것을 알고 친구와 함께 하교하던 나는 급하게 발길을 돌렸다. 아버지는 커다란 고급 검정색 세단을 타고 교정을 빠져나가는 중이었다. 나는 아버지가 탄 검정색 차의 유리창을 두드리며 아버지를 불렀다. 그러나 어두운 칠이 된 유리창 속에 앉아 있던 아버지는 무표정하게 앉은 채 내 쪽을 쳐다보지 않았고, 차는 야속하게 안개를 헤치며 천천히 전진해나갔다.

나는 아버지에게 사랑한다고 말하고 싶었다. 그러나 목이 메어 말이 잘 나오질 않았다. 세 번이나 시도한 끝에 나는 손으로 하트 모양을 그려 보이며 차 속 아버지를 향해 웃었다. 그러자 아버지 옆에 앉아 있던 한 늙고 작은 남자가 ― 아버지는 혼자가 아니었고 세단은 운전수까지 네 명의 남자가 타고 있었으며 모두들 검은 정장 차림이었다 ― 아버지를 쳐다보며, "이럴 거면 차라리 태워."라고 말을 툭 던졌다. 그러나 아버지는 단호히 고개를 좌우로 저었다.

이제 곧 차가 교정을 빠져나가겠구나 생각하고 미소 지으며 아버지를 향해 손을 흔들려는 찰나, 차가 하얀 기둥 옆을 지났고 아버지가 갑자기 내려서 내게로 달려왔다. 아버지는 격하게 나를 안아주었고 우리는 부둥켜안고 눈물을 흘렸다. 나는 흐느끼며 잠에서 깨었다. 곁에서 남편이 걱정스러운 눈으로 쳐다보고 있었다.

아, 우리는 살아서 사랑한다고 말할 기회가 자주 없었다. 내 인생의 반은 아버지와 같이 살았으되 서로 무심했고, 나머지 반은 이야기하고 싶어도 가까이 살지를 못했다. 게다가 나는 아버지를 미워했었다. 아버지도 어떤 시간은 분명 나를 미워한 적이 있었을 것이다. 세상 사람들 모두가 흠을 잡아도 나만은 당신의 편이 되어주길 바랐을 텐데, 유독 따지고 드는 큰딸이 미웠던 적도 있었을 것이다. 사실 나도 당신이 아버지였기에 그렇게 까다롭게 굴었던 것인데. 이웃집 아저씨가 옳으면 어떻고 그르면 어떻겠는가. 사람을 사랑하면 그 사람이 완벽하길 바라는 것은 우리 모두 지닌 본성의 일부가 아니던가.

미워도 사랑했던 아버지. 그 말을 들려주질 못하고 떠나보냈다. 그리운지 그립지 않은지 생각해 볼 여유도 없이 아버지는 갑자기 내게 돌아왔고 훌쩍 피안의 길로 떠나 버렸다. 사랑한다는 말은 우연히 유품을 정리하던 중 글로 나왔다. 십이 년 전 드린 석사논문을 발견하고 보니 '사랑하는 아버지께' 라고 맨 첫 장에 적혀 있었다. 아버지의 작은 책장에 꽂혀 있던 내 오래된 석사논문을 보며 나는 가슴이 미어지는 것을 느꼈다. 이제는 더 나은 논문을, 7년간의 각고 끝에 박사논문을 써냈는데, 드릴 수 있는 아버지가 안 계시다.

죽은 사람과 꿈에서 안으면 몸이 아프다고 하더니, 그래서인가 며칠 많이 안 좋았다. 아버지가 무표정하게 학교를 빠져나가려던 것은 그래서였던 것 같다. 안지 않고 가려고 무던히도 애썼는데, 결국 참지 못하고 포옹하고 만 것이다. 크고 검은 승용차는 저세상에 소속된 물건이었을 텐데 그 차는 어디로 가고 있었던 것일까. 나머지 동승자들의 추억을 찾아가고 있는 중이었을까. 옆에 있던 남자는 누구였길래 그렇게 무심하게 나를 태워가자고 말한 것이었을까.

3. 황태자의 끝사랑 혹은 세기의 불륜, 에드워드 8세와 심슨 부인

들어가며

엘라노어 허먼이 쓴 《침실 권력》이란 책을 보면, 경국지색이란 그냥 순수하게 미인의 아름다움을 찬양하는 말이 아니다. 미색을 이용하여 한 나라를 들었다놨다 하는 화려한 미모와 강렬한 야심의 소유자들에 대한 경외감과 더불어, 그래봤자 너는 역사 속에 남을 간통을 한 것뿐 아닌가 하는 조소 어린 경멸감을 함께 담은 반어적 표현이란 걸 이해하게 된다. 허먼은 유럽 왕실을 쥐고 흔들었던 왕의 정부(情婦)들에 대해 썼는데, 유머와 위트를 갖춰서 정부들과 그들의 상대가 되었던 왕이나 왕자들의 일화를 다루고 있다. 그러나 이런 그도 에드워드 8세(1894~1972)의 이야기에 다다르면 마치 미간을 찡그리듯이 이렇게 얘길하고 있다.

"민주주의의 밀물을 잘 견뎌낸 유럽 왕가들은 그들의 정부(情婦)들을 확실히 지켜냈지만 에드워드 8세는 큰 오점을 남겼다. 그는 정부 월리스 워필드 심슨을 아내로 맞겠다고 고집을 피우다가 모든 것을 망쳐놓고 말았다. 그는 선왕 헨리 8세처럼 아내의 목을 베는 대신에 자신의 목을 잘랐다. 헨리 시대에 교수형이나 화형이 두려워 침묵했던 대중들이 이번에는 에드워드를 자진 퇴위하도록 만든 것이다.《왕실 권력》본문 36쪽"

남의 여자를 사랑한 황태자, 남편 후광으로 그를 만난 여자

우리에게 사랑을 위해 왕위를 버린 왕족으로 알려진 에드워드 8세는 사실 남의 여자를 빼앗았다. 월리스 심슨은 미국 사람으로 해군 조종사 스펜서와 결혼 십 년 만에 이혼한 뒤, 영국인 사업가 심슨을 만나 런던에 정착하여 즉위 전 왕위계승 서열 1위였던 에드워드 8세를 만났다. 심슨 부인은 남편의 재력을 바탕으로 런던 사교계에 입성하여 주목을 받았고, 거기서 영국의 황태자를 만나서 사랑에 빠진 것이다. 사실 남편의 가문이나 재력의 후광을 업고 왕족을 만날 기회를 얻어서 거기서 왕실로 입성하여 왕의 정부(情婦)가 되는 스토리는 유럽 왕실사에서는 꽤 빈번하게 나오는 이야기이다. 그 유명한 루이 15세의 정부인 퐁파

〈좌〉 1936년 당시 마흔 살이던 심슨 부인(1896~1986)의 모습. 이듬해 그는 이혼을 하고 에드워드 8세와 세 번째 결혼을 한다. 〈우〉 1936년 재위 당시 에드워드 8세(1894~1972)의 인물 사진. 영국 런던의 국립 초상화 미술관 소장.

두르 부인 역시 중류 계급에서 성장해서 결혼에 힘입어 한 차례 도약한 후, 왕실로 들어갈 기회를 놓치지 않고 이십 대 초반에 베르사유에 입성해서 기어이 왕의 여자가 되는 데 성공하여 19년간 무소불위의 권위를 휘둘렀던 것이다. 우리가 즐겨 쓰는 표현을 빌려 이야기하자면 여자는 신분 상승의 사다리로 결혼을 이용한 셈이고, 남편은 그런 여자에게 토사구팽당한 셈이다.

로맨스 프로모션과 순수한 심슨 블루 사이

에드워드 8세를 잠깐 뒤에 놓고 심슨 부인만 놓고 보자면, 이런 류의 야망을 실현시키는 데 이 사랑을 이용한 것 같은 행보가 슬쩍슬쩍 엿보인다(당최 세기의 사랑을 이야기하는데 여자는 전 남편의 성으로 불리는 것 자체가 약간 코미디 같기도 하다.). 윈저공으로 강등당한 에드워드 8세 사후에 자서전을 내서 자기 이야기를 애절하게 포장해내는 기술도 그렇고, 환영받지 못한 결혼식이나 심지어 에드워드 8세의 장례식에도 심슨 블루로 불렸던 푸른색 옷감들을 사용하여 순수한 사랑의 이미지를 전달하려고 애쓰는 것을 보면, 이 여자가 로맨스 프로모션을 할 줄 안다는 생각도 든다. 더군다나 후일담으로 에드워드 8세와 염문을 퍼뜨릴 당시 심슨 부인에게 또 다른 애인이 있었다는 이야기나 주영대사로 나와 있던 독일인과의 밀회가 있었다는 이야기가 불거져 나오면서, 아름다운 심슨 블루의 색으로도 다 가려지지 않는 그 무언가가 있는가 하고 심슨 부인의 진심을 의심하게도 만든다.

사랑하는 여인의 손을 잡고 퇴위하다

낭만과 사랑을 이용한 심슨 부인의 영리한 자기경영은 완전한 성공을 거둔 것도 아니었다. 최고의 남자를 만나서 최고의 명예를 얻는 것이 그의 꿈이었다면, 그가 만났던 에드워드 8세야말로 그에게 왕비의 자리를 내줄 수 있는 최고의 남자이긴 했다. 그러나 불행히도 (만일 심슨 부인이 정말로 에드워드 8세란 이름이 중요하지 않고 데이빗이란 남자만을 원했다면 큰 불행이 아닐 수도 있지만) 에드워드 8세는 왕의 자리와 그가 사

심슨 블루색 원피스를 입은 심슨 부인과
에드워드 8세(1971)〈1〉

랑하게 된 여자 둘 다를 지켜낼 수 없었고, 고민 끝에 그는 사랑을 택했다. 그가 재위한 지 10개월 22일 만에, "나는 사랑하는 여인의 도움이 없이는 왕의 책무를 다할 수 없음을 알았습니다."로 시작되는 연설을 하고 퇴위를 선택한 것은 유명한 사건이다. 그는 이후 윈저공으로 강등당했고, 심슨 부인은 그의 평민 부인으로 대접받았다. 심슨 부인은 유명해지고 왕족인 남자와 결혼을 할 수는 있었지만, 과거의 이혼 경력에 발목을 붙잡혀서 그 자신이 왕족으로 살아가진 못했던 것이다.

심슨 부인 이전에 바람둥이로 유명했던 에드워드 8세가 이런 파격적이고도 낭만적인 행보를 보인 것을 보면, 그는 정말로 사랑을 했던 것이 아닌가 싶기도 하다. 어쨌건 간에 심슨 부인이 그의 위험한 로맨스와는 별개로 파시즘과 나치즘을 지지했다는 것을 생각해 보면 이들 부부가 영국의 왕과 왕비가 되지 않은 것은 영국 전체를 위해서 다행한 일일지도 모르겠다. 아니면 에드워드 8세가 왕의 책무란 파시즘과 나치즘을 지지하는 것이라고 착각했고, 대가 센 심슨 부인을 옆에 두지 않고선 이들 인종주의를 지지할 수 없다고 말한 것일 수도 있겠다.

그럼에도 불구하고 평온하게 백년해로

이들의 사랑을 곱게 절대 낭만으로만 받아들일 수 없는 여러 가지 정황에도 불구하고, 이들은 축복받지 못했던 결혼 이후 삼십오 년을 해로하였다. 심슨 부인은 오랜 세월을 견뎌낸 인내에 대한 대가로 결혼 삼십년 이후부터는 왕실 행사에 공식적으로 참석할 수 있게 됐고, 죽은 후에는 윈저 성내 왕족의 무덤에 묻힌 세 번째 남편 곁에 나란히 묻힐 수 있었다. 살아서는 떳떳한 왕족이 되지 못했지만, 심슨 부인은 결국 죽음에 이르러 보수적인 왕실을 상대로 승리를 거둔 것이었다. 그는 심슨블루의 옷으로 갈아 입혀서 장례를 치러달라는 마지막 유언을 남겼다.

약간 조소적으로 말하자면, 심슨 부인에게 그보다 더한 명예를 줄 수 있는 남자가 그 이후에도 나타날 리 없었을 테니 심슨 부인으로선 네 번째 결혼을 시도해야 할 이유가 전혀 없었을 수도 있겠다. 어쩌면 에드워드 8세씩이나 되지 않아도 윈저공과 함께 사는 것만으로 그는 충분히 자신의 명예욕을 보상하고도 남았을 테니 말이다. 무엇이 이유가 되었건 간에, 두 사람이 함께 오래도록 살았다는 것, 그리고 죽어서도 함께했다는 것은 엄연한 사실이다. 다른 사람의

장난스러운 표정을 짓고 있는 노년의 윈저공 부부(2)

부인인 것을 알면서도 그 만남을 멈출 수가 없었고, 자신이 가진 지위를 이용해서라도 여자를 빼앗아왔던 남자는 마지막엔 자신의 지위마저 내려놓고 그 여자를 얻었다. 처음 만났을 때 약속되었던 황금빛 미래는 없었지만, 여자는 유명인사가 되어서 자신을 선택한 남자와 세계를 돌며 그들의 로맨스에 대한 이야기를 했고 그와 함께 생을 마감했다. 황태자의 마지막 사랑은 세기를 흔들 만한 불륜에서 출발했지만, 세계 도처에서 가끔 들을 수 있는 백년해로 이야기로 평온하게 마감되었다.

맺으며

그들이 함께 찍은 사진을 보면, 그들이 서로에게 흔들린 이유가 무엇이었든지 간에, 그들에게 자신들의 모습을 언론에게 보이길 좋아하는 허영기가 있었건 없었건 간에, 두 사람이 서로 사랑했고 행복한 노년을 보냈다는 사실만은 분명한 것처럼 보인다. 사랑이 이렇게 두 사람의 운명을, 그리고 한 나라의 역사를 바꾸어 버렸다.

출처

〈1〉 aCurator, ttp://www.acurator.com/blog/2011/08/edward-and-mrs-simpson.html

〈2〉 Style Domain, Bits & Baubles: Legendary Loves, http://www.styledomaine.com/2013/02/bits-baubles-legendary-loves/

미셀러니7 유럽 왕들의 베개 송사,《침실 권력》

왕족의 피를 물려받은 데다 영화배우를 했을 정도로 미인인 엘라노어 허먼이 왕실 여자들의 삶에 관심을 갖게 된 것은 매우 당연한 일로 보인다. 몇백 년 일찍 태어났더라면 내 삶이 어떠했을까를 생각하다 보면 자연스럽게 유럽 왕실을 쥐고 흔들었던 여자들에 대해 생각해 보게 됐을 것이고, 아마도 그가 분류한 세 가지 종류의 정부들 중 지적인 여자들의 피를 물려받은 듯한 엘라노어는 그의 조사 결과와 번뜩이는 재치를 채으로 쏟아붓게 된 것으로 보인다. 원래 이 책 제목인《왕과의 섹스(Sex with Kings)》는 이 책의 정체성 — 역사책을 표방한 유럽 왕가의 가십 매거진 — 을 명쾌하게 보여준다. 반면 우리나라 출판사가 선택한 제목인《침실 권력》(생각의 나무, 2010)은 역시나 우리의 〈주말의 명화〉식 의역 실력을 자랑하는데, 좀 더 은근하면서도 뜻이 분명하게 전달되는 맛이 있다. 여하튼 이 책을 읽고 있노라면, 마치 내가 중세 유럽의 귀부인이나 혁명을 앞둔 근대 부르주아 계급의 여자가 되어 치렁치렁한 머리를 손질하기 위해 미장원에 가서 〈왕실 뉴스〉나 〈우리의 왕, 루이 15세의 '더' 숨겨진 여자들〉 따위를 읽고 있는 것 같은 착각마저 든다.

루이즈 드 라 발리에르-몽테스팡 부인-맹트농 부인으로 이어지는 루이 14세의 여인들 계보에서 나름 통쾌한 것은, 결국 왕의 진정한 반려의 역할을 한 사람이 맹트농 부인이었다는 사실이다. 볼품 없이 말라빠진 외모가 하나도 위협이 되지 않을 것이라 생각해서 직접 맹트농을 들인 몽테스팡의 패배였다. 그 자신이 미모와 매력으로 왕을 사로잡았기에 그것만이 중요하다고 생각한 '얼굴만 예쁜 여자'의 자가당착이었다. 지성이야말로 스며들어 오래가는 매력으로, 제아무리 왕이라고 해도 나이가 들어갈수록 육체 놀음에는 서서히 물리게 되고 대화를 나눌 수 있는 현명하고 지혜로운 여자를 찾게 되기 마련이다.

육체 관계를 거절하고 정부가 되기를 거절하며 맹트농은 자신의 가치를 더 높이게 된다. 아마도 현명한 여자의 자기 포장이었을 가능성이 높다. 심지어 그녀는 왕을 왕비에게 돌려보내기도 했다. 그 결과 그녀는 왕비의 사후에 왕과 비밀결혼식을 올리고 왕의 정인으로 당당히 무혈 입성한다(그야말로 성에 들어간다).

넬 그윈의 경우 정부들에게도 급이 있었다는 것을 보여준다. 런던의 빈민굴 출신으로 연극배우였던 그녀는 왕에게도 다른 정부들과 비교하여 하대를 받는다. 심지어 왕비의 시녀 출신인 정부도 궁정 예절을 알고 있기에 기품 있는 정부로 대접을 받지만, 넬 그윈은 저속하고 천박한 정부로 평가받는다. 그러나 아이러니하게도 거기에 그녀만이 가진 매력이 있었다. 그녀는 속 시원하게 할 말은 하고, 거칠고 직설적으로 조소 섞인 유머를 던지고, 체면 차리지 않고 저돌적이고 화끈하게 정사를 벌인다.

매춘으로 생계를 꾸리던 그녀였으나, 왕의 사후에까지 왕에게 대한 정절을 지켰다. 사슴이 누웠던 자리에 개를 눕히지 않겠다는 신조는 그녀가 하층 계급의 여인이었기에 왕을 더 귀하게 여기는 마음에서 비롯

되었는지 모를 일이다. 오히려 어느 정도 계급이 있는 집안의 여자들이 왕을 등한시하고 제 정욕을 채우기 위해 다른 남자들을 만나서 정사를 벌이곤 했다.

퐁파두르 부인은 중류 계급에서 성장해서 이십 대 초반에 베르사유에 입성한 인물로, 철두철미하게 왕을 사로잡아서 19년간이나 권력을 휘둘렀다. 그녀는 왕에게 언제고 음식과 와인, 따뜻한 대화, 일인극을 제공했고, 왕이 필요로 하는 시간에는 언제고 곁에 있었다. 더군다나 그녀는 타고난 불감증의 고통마저 이를 악물고 견뎠다. 그녀의 왕궁 생활은 인간이 견딜 수 있는 극한의 인내를 동반하고 있었다. 그러나 그녀는 꿋꿋하게 항상 미소를 장전하고 전장과도 같은 궁전에서 잘 버텼다. 그녀가 만일 상류 계급 출신이었다면 이내 고된 궁궐 생활에 나가 떨어졌을지도 모를 일이다. 권모에 휘말리지 않고 술수에 농락당하지 않고 무사히 죽어서 궁전을 떠난 것은 그녀의 성공이라 할 만했다.

열 살 난 딸을 잃었을 때에도, 그 뒤를 따라간 아버지를 잃었을 때에도, 그녀는 왕의 기분을 해칠까 봐 두려워서 우울함을 내비치지 않고 웃을 정도로 극도의 긴장감을 유지하였기에 살아남을 수 있었다. 그녀의 권력이 남부럽지 않았을진 몰라도, 그래 가지곤 필시 사는 게 사는 것 같지 않았을 것이다.

엘라노어 허번은 어떤 왕과 그의 징부에 대해서는 위트를 가미해서 빈정대기도 하였다. 맹트농을 비롯해서 왕을 거절했던 여자들이 왕을 애타게 한 덕분에 왕의 여자가 된 경우들이 있었는데, 이 경우 웃기게도 사실 여자들은 불감증인 경우들이 더러 있었다. 외제니 드 몽티조가 바로 그랬는데, 나폴레옹 3세는 유일하게 자신과의 섹스를 거부한 그녀에게 강한 성적 충동을 일으켜 결혼에까지 이른다. 미모는 뛰어났지만 별 볼 일 없는 스페인 고관의 딸이 황후의 자리에 오르자, 나폴레옹 3세는 선거(election)로 황제가 되고, 외제니는 발기(erection)로 황후가 되었다는 조롱 섞인 말이 떠돌았다.

일반적인 사람들이 속한 곳과 판이하게 다른 왕궁이라는 사회에서 악착같이 미모와 화려함을 팔아 살아남는 여인들의 이야기는 일부다처제 아래에서의 상향혼(혹은 상향 간통)이 이루어진 후에, 얼마나 처절한 고통과 인내, 지배와 굴욕의 시간들이 펼쳐지는가를 속속들이 보여준다. 우리에게 잘 알려진 장희빈과 인현왕후의 암투 같은 이야기를 대입해 보면 왕가 여인들의 투쟁적 삶이 동서양에 걸쳐 크게 다르지 않다는 것을 알 수 있다.

어떻게든 왕과 한 베개에 누울 때를 기다려 그를 사로잡아야 했던 여인들은, 왕과 한 자리에 누웠을 때 자신의 베개 위에 놓인 왕의 머리에다 대고 그들이 원하는 바를 속삭여서 얻어야만 했던 것이다. 동서고금 언제 어디서고 권력을 가진 남자들은 베개에 누워서도 아무 생각없이 잠들지를 못했을 것이다. 귓가를 달콤하게 간지럽히는 목소리에, 그 소리의 주인이 갈망하는 것에 화답하지 않고선 제아무리 왕이라고 해도 그가 그토록 원하는 뜨거운 밤을 보낼 수 없었을 테니 말이다.

왕이 베개를 베고 아무 생각 없이 '그래', '예스', '위', '야', 이렇게 대답하고 나면, 그 쾌락이 머무는 자리에 대한 대가는 그 왕에게 속한 땅에 살고 있는 민중들에게로 돌아갔다. 그리고 그의 여인들은 민중들의 땀으로 산 사치와 향락을 즐기며 왕국을 거덜냈다. 그래도 프랑스 혁명의 역사 속에서 마리 앙투아네트의 이름은 거론되어도 똑같이 살림을 거덜낸 선왕 루이 15세의 정부(퐁파두르 부인 사망 이후) 뒤바리 부인의 이름은 소리 소문 없이 단두대의 칼날에 사라져간 걸 보면, 아무래도 지체 높은 왕가의 여식으로 태어나 프랑스의 왕비로 살다간 신분과 귀족의 일환으로 태어났거나 아니면 결혼으로 귀족 신분을 획득한 후 운과 노력에 힘입어 왕의 정부(情婦)로 살다간 인생은 그 격이 차이가 나도 몹시 나는 모양이다. 역시 피가 미모보다 진하다.

4. 헤밍웨이와 그의 뮤즈이거나 평강공주였던 부인들

들어가며

내가 구독 중인 어느 작가의 페이스북에 이런 화두가 게시되었다. "영화배우나 모델처럼 한 사회에서 최고의 미녀로 공공연히 인정받는 여자들은 보통 최고 성공했다고 인정받는 직업군의 남자들과 결혼한다. 그런데 우리나라에는 '최고 미녀-성공한 남성 작가' 커플이 없는 반면, 미국에서는 신기하게 이 조합이 존재한다. 이것은 한국에서 작가의 위치가 너무 왜소하기 때문일까?" 이 화두를 읽자 자연스럽게 어니스트 헤밍웨이가 떠올랐다.

성공한 남성 작가의 네 번에 걸친 결혼

헤밍웨이를 따라다니는 수식어는 하나같이 화려하다. 스콧 피츠제럴드의 전폭적인 지지를 받았던 천재, 그래서 무명 시절이 없었던 행운아, 그를 사랑했던 여자들을 만나고 헤어지기를 반복하며 불세출의 명작들을 남겼고, 결혼과 성공을 통해 부를 쌓아갔던 작가. 그는 성공한 (미남) 작가로서 빼어난 미인들을 아내로 맞이했다. 그의 네 명의 부인들 중 첫 번째 부인 해들리 리처드슨과 두 번째 부인 폴린 파이퍼(심지어 이들은 친구 사이였다)는 결혼했을 당시 헤밍웨이보

헤밍웨이의 여권 사진 모습(1923)

다 부자였고, 폴린은 심지어 이름난 재력가의 딸이기도 했다. 이것을 생각하면 단순하게, 헤밍웨이가 공전의 히트를 치며 출판 시장이 탄탄한 미국에서 부를 쌓으며 성공했기에 여자들의 선망의 대상이 되었다라고 생각할 수만은 없을 것 같다.

소박하고 평온한 영감(靈感), 첫 번째 부인 해들리

나는 그의 작품과 부인들을 연결해 보았다. 해들리와는 부유하지 않았지만 해들리의 저축에 기대어 헤밍웨이는 생계를 걱정하지 않고 작품 활동에 몰입할 수 있었다. 그들은 파리에서 살았고, 낭만을 만끽했다. 헤밍웨이는 이 시절에 대해 "우린 젊었으며 그곳에서 소중하지 않은 것은 없었다. 가난조차도, 갑작스러운 생활의 여유도, 달빛도, 옆에 누

해들리와 이혼하기 몇 달 전 오스트
리아에서 찍은 사진(1926)

워 있는 누군가의 숨소리도……"라고 회고했
다. 이 시절 그가 《해는 또다시 떠오른다》
(1926)를 발표하며 이름을 알리기 시작한 것
을 보면, 작가는 확실히 너무 배불러서는 좋
은 작품을 쓸 수 없는 것 같다. 그는 해들리
와 함께 한 소박하고 평온한 생활에서 작가
로서의 감성적 기초를 탄탄하게 다질 수 있
었던 것으로 보인다.

부유한 후견인, 두 번째 부인 폴린

《보그》지에서 일하는 데다 재산까지 넘쳐 났던 폴린과 살면서 그가
이렇다 할 작품을 남기지 못했던 것을 보면 더욱 그러하다. 그는 사냥
과 낚시를 즐기며 부유하게 살았던 반면 작품을 쓰는 데에는 상당히
위축되어 있었다. 이 시절에 발표했던 《무기여 잘 있거라》(1929)의 여주
인공마저 폴린이 아니라 그의 첫사랑이었던 아그네스를 모델로 하고 있
는 것을 보면, 폴린은 작가의 아내로서 예술적 시너지는 거의 내질 못
했던 것 같다. 폴린은 차라리 부유한 후견인에 가까웠다.

폴린과 함께(1927)

어머니처럼 강한 여자, 세 번째 부인 마서

세 번째 부인 마서 겔혼과 살면서는 《누구를 위하여 종은 울리나》 (1940)가 나왔다. 엄밀히는 마서 자신이 영향을 주었다기보다는 마서와 함께 겪었던 스페인 내전 자체가 영감을 주었겠지만, 적어도 이 시절 헤밍웨이의 붓은 꺾이지 않았다(마서는 다른 소설 《제5열(1938)》의 여주인공 모델이 됐다). 헤밍웨이는 자신처럼 종군기자이자 작가인 마서와 필시 서로 의지하는 동지와도 같은 부부로 살았을 것이다. 그러나 불행히도 그는 남자처럼 사아실현을 원했던 어머니와 자연을 빗하며 조용히 살아가고자 했던 아버지의 영향 아래에서 자랐던지라, 강한 여자를 원하면서도 동시에 기피하는 이중적 성격을 지니고 있었다. 그 바람에 어머니

우표 모델인 마서 겔혼

를 싫어하면서도 그와 비슷하게 강한 여자에게 끌리고는 이내 다시 그
여자를 밀어내는 양상이 그의 일생을 두고 반복되었던 것이다. 사실 마
서 겔혼은 '2008년 미국 기자 우표 시리즈'에 선정된 다섯 사람의 기
자에 들 정도로 영향력 있는 여성이었다. 그러니만큼 다 자라지 않은
소년 같은 내면을 지녔던 헤밍웨이가 마서와의 결혼을 오래 지속한다
는 것은 어려운 일이었다.

헤밍웨이의 작품들을 정리한 관리인, 네 번째 부인 메리

런던에서 만난 네 번째 부인 메리 웰시는 마지막 헤밍웨이 부인이라
는 데 자부심을 가졌던 것처럼 보인다. 메리는 헤밍웨이의 유작들을 출

사파리에서 메리와 함께(1953~1954)

판하고 기증하는 일련의 관리활동을 계속했다. 헤밍웨이가 메리와도 이혼을 고려했다는 설도 있지만, 이혼 전에 유전적 정신 착란으로 고통받던 헤밍웨이가 먼저 자살하면서 메리는 그와 이혼하지 않아도 됐다. 그의 최고작으로 칭송받는 노벨문학상 수상작 《노인과 바다》(1952)가 이 시절에 완성됐다.

뮤즈로서 영감을 주거나, 평강공주처럼 헌신하거나

피츠제럴드가 "헤밍웨이는 대작을 완성할 때마다 새로운 여인을 필요로 한다."라고 비꼬았던 것처럼, 헤밍웨이는 새로 부인을 맞을 때마다 굵직한 소설들을 내놓았다. 부인들이 직접 영감을 주었거나, 아니더라도 부인들과의 생활, 그리고 함께했던 낯선 도시의 경험들, 그리고 그 안에서 겪는 갈등과 삶에 대한 애착 등이 필시 예술가의 예민한 신경을 자극했을 것이다. 마치 노래하는 뮤즈의 에너지를 빌려서 음악을 하듯, 부인들과의 생활을 원동력으로 삼아 그는 작품을 써내려갔다.

다시 처음 화두로 돌아가서, 그렇다면 그의 부인들은 왜 헤밍웨이를 사랑했던 것일까. 분명 다른 시기 다른 도시(파리, 키웨스트, 스페인, 런던)에서 그를 만났던 네 명의 여성들에게선 뭔가 단번에 설명하기 어려운 공통점이 있다. 단순히 그에게 재력이 갖춰지고 혹은 더 세속적으로 그가 유명한 데다 미남이어서만은 아닐 것 같다. 그렇게 생각하기엔 네 명의 개성이 각자 강하다. 그보다는 강인하게 주체적으로 자기 삶을 꾸려나갔던 여인들이 내면에서 끊임없이 흔들리고 부서지는 그의 불완전한 영혼을 사랑한 것이란 생각이 든다. 그들이 헤밍웨이의 영혼을 보듬어 놀라운 예술로 승화시키는 과정에 참여하는 것을 명예롭게 생각해서이지 않았을까. 바보라 놀림 받던 온달을 내조하고 부와 명민함과 인내로 보필하여 세상의 존경을 받는 장군으로 재탄생시킨 평강공주 이야기가 여기에 겹친다. 헤밍웨이는 그의 뛰어난 재능과 내면에 감춰져 있는 유약함으로 인해 네 명의 평강공주를 만났던 것은 아닐까.

맺으며

그런데 누구와 살았던 시간에 그는 가장 행복했을까? 헤밍웨이가 죽은 후 출간된 회고록 《해마다 날짜가 바뀌는 축제》(1964)에서 그는 "해들리 말고 다른 이들을 사랑하기 전에 죽었으면 좋았을 것을……" 하고 심정을 고백한다. 비록 해들리는 다른 부인들과는 다르게 단 한 번도 헤밍웨이의 소설 속 모델이 되지 못했었지만, 그에게 가장 특별한 시간을 선사했던 여인으로 기억된 셈이다.

헤밍웨이가 노벨문학상을 탔던 때도 아니고, 종군기자로 모험을 할 때도 아니고, 커다란 부를 누리며 인생을 즐겼을 때도 아닌, 견습작가로서 불확실한 미래를 안고 살던 시절을 그리워했다는 것이 의미하는 바가 크다. 꿈을 좇아가는 그 과정 자체에 낭만이 있고 삶의 의미가 있다. 그리고 그 시간을 함께하는 사람은, 그때 그 장소에 나와 함께 있다는 사실만으로 가장 소중하다. 행복이 결코 멀리 있지 않다. 성공이 반드시 행복을 동반하는 것도 아니다. 행복은 과연 어디에, 누구와 함께 있는가.

미셀러니 8 미스트랄, 시애틀에서 보낸 7년

만약 당신이 젊은이로서 파리에서 살아보게 될 행운이 충분히 있다면 파리는 해마다 날짜가 바뀌는 축제처럼 당신의 남은 일생 동안 당신이 어디를 가든 당신과 함께 머무를 것이다. - 어네스트 헤밍웨이(1899~1961)

헤밍웨이 사후에 발간된 에세이인《해마다 날짜가 바뀌는 축제(A Moveable Feast)》의 프랑스어 제목은《파리는 축제다(Paris est une fête)》이다. 이 책은 2004년 한국에서《헤밍웨이, 파리에서 보낸 7년》이란 제목으로 출간되었다. 이 미셀러니의 제목은 그러니까 이 한국 제목을 패러디한 것이다. 물론 대작가 헤밍웨이와 보통 대학원생이었던 미스트랄의 삶을 비교하기엔 급이 너무 달라서 죄송스럽기는 하다. 그래도 헤밍웨이가 파리에서 자신의 꿈을 키우고 작가로서의 발판을 다졌다는 점이, 미스트랄이 시애틀에서 학자로서 첫발을 내디뎠고, 또 문학인으로서 첫 책을 써냈다는 사실과 많이 비슷하다는 게 너무 좋아서, 이 건방진 패러디를 꼭 한번 해보고 싶었다.

헤밍웨이는 1921년 〈토론토 스타〉지의 유럽 특파원이 되어 아내 해들리와 어린 아들과 함께 파리에 정착했다. 그는 데카르트 거리에 있는 낡은 집에 세들어 살면서, 스콧 피츠제럴드와 에즈라 파운드를 비롯한 여러 유명 문인들과 교류했고, 그 과정에서 무던히 자신의 펜을 갈고

닭았다. 부단히 노력한 결과, 1923년 그의 첫번째 작품《세 편의 단편과 열 편의 시》가, 1925년에는 단편집《우리들의 시대에》가, 1926년에는 그에게 일약 명성을 가져다준《해는 또다시 떠오른다》가 연이어 출판되었다.

그러나 나는 그의 화려한 성공 뒤에 숨어 있을 그의 힘든 시간이 보이는 것만 같다. 단적으로 그는 가끔 끼니를 걸러야 할 정도로 가난했는데, 그런 때엔 카페로 가서 글을 썼다고 한다. 글로 배를 채웠다니 정녕 진짜 작가가 아닌가. 그의 에세이에 보이는 헤밍웨이는 우리가 잘 알고 있는 유명한 대작가가 아니다. 그는 배고프고 불안한 시절을 보내고 있는 무명 작가일 뿐이고, 그래서 더 용감하게 현재를 즐길 줄 안다. 그는 창작을 위해 매일 자신을 점검한다. 오늘은 이만큼 썼으니 내일은 얼마를 써야겠다고 다짐하는 모습이 보인다. 어떤 날은 셰익스피어앤컴퍼니에서 무료로 책을 맘껏 빌려 볼 수 있다는 사실을 알게 되고 몹시 기뻐하기도 한다. 그리고 모자라는 돈을 긁어모아 궁핍한 가운데에서도 (필시 작품에 대한 영감을 얻기 위한) 여행을 다니기도 한다.

나는 헤밍웨이와 그의 부인들 이야기를 쓰면서, 그의 파리 시절 이야기에 더욱 매력을 느끼게 됐다. 불안한 미래를 위해 달려가는 것은 때로 사람을 지치게 할 때도 있지만, 정해진 것이 하나도 없기에 더욱 과감하게 현재를 즐길 수 있게 한다. 행복은 항상 모든 깃을 손에 쥐고 있지 않을 때에 슬며시 웃으며 소리 없이 다가오는 법이다. 그러다가 각고의 노력 끝에 원하던 것을 손에 넣게 되면, "이제 당신은 내가 필요 없겠군요" 하고 아쉬운 작별만 남겨놓고 행복은 우리를 떠나버리는 것이다. 그래서 우리는 보통 더 많이 가졌을 때 인생의 공허함을 더 많이 느끼게 되는 아이러니를 겪는 것이다.

내가 시애틀에서 보낸 7년도 비슷한 에피소드들로 채워져 있다. 나는 연고가 없는 보스턴에서 살다가 역시나 처음 가보는 시애틀로 옮겼는데, 그렇게 아름다운 녹색 도시인 줄은 도착하고 나서야 알게 됐다. 헤밍웨이는 아내와 함께 파리로 갔지만, 나는 혼자 가서 학교를 시작하던 첫날 워싱턴 대학교가 소유한 숲(Pack Forest)에서 훗날 남편이 된 제프 차오를 처음 만났다. 2004년에 만난 우리는 2년 후에 결혼했는데, 그동안 제대로 알아듣지 못하는 어려운 수업들이 이어졌고, 덕분에 주말도 반납하고 연구실에서 책만 보는 게 일상다반사가 되었다. 경제 활동을 못 하는 학생들이다 보니 돈을 쓰는 일도 제한적이라, 어떤 날은 일부러 무료 점심을 준다는 인터내셔널 점심 파티에 가서 맛없는 샌드위치를 먹으며 흥미도 없는 각 나라의 문화 차이에 대해 하품하며 이야기하다가 돌아온 적도 있었다.

그래도 꼭 헤밍웨이가 그랬던 것처럼, 우리도 틈틈이 여행을 다녔다. 학회에 가서 연구 결과를 발표하면 학교에서 일부 경비를 지원해 줬고, 학회에다 행사 진행요원으로 일하겠다고 얘기하면 숙박 경비를 면제해 줬다. 우리는 그런 방식으로 북미의 여러 도시들을 여행할 수 있었다. 가장 기억에 남는 것은 차를 몰고 시애틀에서 아이다호, 몬태나, 옐로우스톤을 거쳐서, 와이오밍, 콜로라도의 베일까지 갔다가 유타, 오레곤을 거쳐서 돌아온 8박 9일 여행이었다. 남편이 중국 산업에 대해 발표해 달라는 청탁을 받게 되어 비행기값을 제공받게 됐는데, 우리는 그것을 자동차 기름값으로 바꿔달라고 부탁해서 장장 3,300마일(5,300킬로미터) 정도를 차로 이동하는 무모한 미 북서부 대일주 레이스를 펼쳤던 것이다. 차 뒤에 밥통, 반찬과 과일들을 넣은 아이스박스, 라면을 싣고 다니면서 숙소에 도착하면 끼니를 해결하는 방식으로 식비를 아꼈다. 하지만 돈이 모자란다고 꼭 여행이 짜증스러워지는 건 아니다. 우리의 대모험에서 가장 맛있었던 식사는 옐로우스톤의 온천 옆에 앉아서 먹었던 컵라면이었던 걸 떠올려 보면. 오히려 우린 돈이 넉넉하지 않았기에 주어진 많은 것에 더 감사할 수 있었고, 그래서 여행을 더 신나게 즐길 수 있었다.

시애틀에 온 지 2년이 지나고 내가 연구 장학금과 생활비 지원을 남은 기간 동안 받게 되면서(남편은 이미 첫해부터 받고 있었다) 우리의 생활은 갑자기 윤택해졌다. 둘이 받는 생활비를 합해 봤자 한국의 직장인 한 명이 받는 금액 정도밖에 안 됐지만, 휴일이면 늘 연구실에서 책이나 보고 있는 지루한 박사 부부에게는 아주 넉넉한 살림이었다. 장학금을 받게 되면서 가장 좋았던 것은 먹고 싶은 것을 예산에 대한 걱정 없이 신 나게 먹을 수 있는 점이었다. 그 다음이 근심 없이 공부에 집중할 수 있어서 좋았다는 점이라고 봐야겠다. 매일매일 책을 붙들고 씨름하는 시간은 결코 모래알같이 흩어지지 않는 법이라서, 해가 갈수록 영어가 늘고 수업을 더 알아듣게 됐고, 코스웍을 마치게 됐고, 박사자격시험을 치르게 됐다. 언제가 될지 정확히 종점을 알 수는 없었지만, 시간은 계속 가고 있었고 나는 조금씩 자라고 있었다.

돌아보면 시애틀에서의 7년은 빛이 없는 터널을 통과하는 것과 같았고, 높은 산을 오르는 일과도 같았다(나는 그래서 논문 속 '감사의 글'에 터널에서 빛을 밝혀준 이들과 산에서 지팡이를 쥐어준 이들에게 진심으로 감사한다고 썼다). 나는 그 긴 세월 동안 글을 썼기에 버틸 수 있었다. 일상에 대한 소회를 쓰고, 나도 꼭 헤밍웨이처럼 내일은 얼마만큼을 더 공부해야겠다는 내용을 썼다. 즐거웠던 일, 화났던 일, 새롭게 만난 사람들, 그들과 함께 나눈 이야기들, 일상 속 소재는 무궁무진했다. 블로그에 글을 쓰는 일은 한국에 있는 벗들과 소통할 수 있어서 아주 좋았다. 나만 혼자 보고 마음에 묻을 만한 얘기도 벗들과 찻집에서 수다를 떠는 것처럼 즐겁게 글로 써낼 수 있었다. 자꾸 쓰면서 문학에의 열정은 더욱 커져만 갔다. 더 좋은 글을 쓰고 싶었고, 내 글로 더 많은 사람들이 위안받았으면 했다. 2007년에 뿌리문학상을 수상했을 땐 날 듯이 기뻤다. 등단을 한 것도 기뻤지만, 서북미문인협회의 회원이 되어 지역의 문인 어른들과 교류하게 된 것도 참 좋았다. 글은 혼자서 쓰는 것이지만, 확실히 다른 작가들과 나눌 때 더 많이 발전한다는 것을 배웠다. 헤밍웨이도 그래서 유명한 작가들과 열심히 파리에서 교류한 것이 틀림없다. 그는 필시 그 작가들로부터 개성과 에너지를 욕심껏 흡수해서 자기 것으로 만들었을 것이다. 이후 나는 2010년에 그토록 간절히 소망했던 내 책을 내게 됐고, 그 에너지의 여세를 몰아서 다음 해에 논문을 탈고

하면서 대망의 졸업을 맞이하게 됐다. 허스키 스타디움에서 개최된 졸업식에서 보라색 가운을 입고 육 개월 먼저 학위를 취득한 남편과 함께 손을 잡고 행진했던 몇 분간, 세상에 다시 없을 지극한 기쁨을 맛보았다.

헤밍웨이에게 파리 시절 집필했던 《해는 또다시 떠오른다》가 유명세를 안겨다 주었다면, 파리를 떠나고 난 이듬해 출판했던 《무기여 잘 있거라》는 그를 20세기 실존문학의 대표 작가로 만들어 주었다. 필시 파리에서 보낸 무명의 7년이, 그가 파리를 떠난 후에도 자양분이 되어 계속해서 그를 성장시켜 주었을 것이다. 나는 졸업 직후 시애틀을 떠나 이곳으로 와서 새로이 출발하는 느낌으로 지내왔다. 한국은 내가 태어난 곳이었지만, 시애틀에서 무명의 시간을 견디고 온 내겐 새로운 무대인 것처럼 느껴졌다. 여기서 나는 학자로서 실력을 쌓기 위해 더 공부해야 한다는 걸 알게 됐고, 문인으로서도 더 글을 갈고 닦아야 한다는 강박을 갖게 됐다. 그런데 앞으로 한 발 한 발 내디딜수록, 시애틀에서 보냈던 불안하고 즐거웠던 시간이 자꾸만 사무치게 그립다.

모든 것이 불확실했기에 현재를 즐길 수 있었던 그 땅, 거기서 겪었던 모든 일들이 무성영화 돌아가듯 머릿속에서 자주 상영된다. 돈과 시간이 허락한다면 가장 가고 싶은 곳이 그곳일 정도로, 꿈만 먹고도 배가 불렀던 무명의 시절이 참으로 그립다. 나는 그래서 헤밍웨이가 말년에 파리를 가장 그리워했고, 그의 여인들 중 해들리를 가장 사랑했다고 회고한 것이 절실히 이해가 간다. 초심은 원래 솔직하고 순수한 것이니 누군들 그러하지 않겠는가.

내게는 시애틀이 축제다. 키 큰 더글라스 소나무들이 시원시원한 휘파람을 부는 영원한 상록의 숲, 그곳이 내 평생 나와 함께 할 축제다. 젊어서 그곳에 오래도록 머물 수 있었던 것은 정말이지 행운이었다. 이제 시애틀은 내 남은 일생 내가 어딜 가든 나와 함께 머물 테니까.

3장

낭만보다 강렬한 신뢰,
어떤 차별도 방해할 수
없는 사랑

1. 마리 퀴리를 발견한 피에르 퀴리,
라듐을 발견한 두 사람

들어가며

노벨상을 수상하던 해(1903), 퀴리 부부의 모습

마리 퀴리는 그의 남편과 함께 연구를 했기에 학문이 그들을 공고히 묶어주는 주된 매개체였다. 게다가 그는 폴란드 여자로서 파리에 유학 온 후 프랑스 남자와 결혼한 이주 여성이기까지 했다. 말과 글을 빼앗길 정도로 국력이 약했던 나라의 여성 지성인이 외국에서 학문으로 성공한다는 것은 아주 어려운 일이었을 것이다. 가령 우리나라 유수 대학에 한 개발도상국의 뛰어난 여학생이 이공계로 유학을 왔고, 공부하는 과정에 한국인 과학자를 만나 결혼했는데, 둘이서 함께 발견한 광물이 불치의 암을 치료하는 데 결정적인 역할을 하는 것이었다면, 당대와 후대를 통틀어 엄청난 얘깃거리가 될 만하지 않겠는가 말이다. 하물며 그 연구 결과가 노벨상까지 수상했음에야 마리 퀴리에게 쏟아지는 세간의 관심은 무척이나 당연한 것이었다. 그러나 이 외국인 여성 과학자를 바라보는 시선은 결코 곱지 않아서, 그의 연구 업적을 깎아내리지 않으면 사생활을 공격하는 기사들이 그의 생전에 쏟아졌다.

어느 나라, 어느 시대에서고 앞서 가다는 것은 몹시나 피곤한 일이다. 나는 미약했던 청년 시절에 공부를 시작할 때부터, 외국어인 프랑스어로 공부하며 프랑스인들 사이에서 지성으로 승부를 걸었을 그를 대선배 우러러보듯 경외하였고, 내 자신이 외국에 나가서 공부를 하던 때엔 내가 알고 있는 마리 퀴리의 삶을 되새기며 거기에 지친 맘을 놓아 쉬면서 힘을 얻곤 했었다. 그는 유능한 과학자 이전에, 외국인으로서 그리고 여성으로서, 다수의 텃세를 실력으로 이겨낸 소수의 승리자였다. 그리고 인류를 구원한 지성인 이전에, 피에르 퀴리란 한 남자를 사랑했던 여자였다.

촉망받는 젊은 여성 과학자에서 모든 인류가 존경하는 대과학자로 마리가 성장할 수 있었던 것은 분명 1의 남편이 그녀에게 쏟은 헌신과 애정 덕분이었을 것이란 믿음을 품고 마리 퀴리의 족적을 따라가 보았다. 자료는 사건을 바라보는 시각과 이야기를 하는 목소리가 혼동되는 것을 막기 위하여 의도적으로 한 가지만 이용하였다. 《라듐의 발견과 마리 퀴리》(파사초프 지음, 강윤재 옮김, 바다출판사)라는 얇은 평전 하나만을 이용했는데, 의견의 색채가 강하지 않아서 좋았고 위인의 업적에 대해 찬양 일색인 보통 전기와 달리 담백하게 한 인물의 인생을 서술하고 있는 점이 마음에 들어서 선택하였다.

폴란드에서 프랑스로 향하다

마리 퀴리는 1867년 폴란드에서 마리아 스클로도브스카로 태어났다. 학교에서 일하던 어머니와 수학과 물리학을 가르치던 아버지 사이에서 태어난 마리아는 학교를 최우수로 졸업할 만큼 뛰어나게 총명했지만, 1915년까지 여자가 대학에 진학하는 것을 허락하지 않았던 폴란드의 정책 때문에 대학교에 진학할 수 없었다. 거기다 폴란드 전체가 이미 러시아의 손에 넘어가 있는 상태라 마음대로 폴란드의 언어, 역사, 문화를 배울 수 없는 상황이었으므로 공부를 하고 싶은 여성에게 선택은 프랑스밖에 없었다.

어머니를 일찍 여의고, 핍박받아서 아버지가 좌천을 당하여 가난하게 살았던 마리아는 남의 집에서 가정교사를 하면서 언니의 공부를 뒷바라지했고, 여기저기 대학을 떠돌면서 귀동냥으로 공부했다. 힘든 생활 가운데에서도 공부하겠다는 꿈을 잃지 않았던 마리아는 드디어 1891년 프랑스 소르본 대학으로 향한다. 스물네 살의 젊은 마리아는 좌석도

정해져 있지 않은 4등 객실 열차에 몸을 싣고 프랑스의 고등교육을 받고 싶다는 꿈을 이루기 위해 미지의 땅으로 떠난다.

피에르 퀴리를 만나다

프랑스식으로 마리로 불리게 된 그는 소르본 대학에 온 후 물리학 석사과정을 끝냈고 계속해서 수학 단기석사과정에 진학했다. 1894년 스물일곱이 되던 해, 마리는 다른 폴란드 학자를 돕기 위해 백방으로 노력하던 중, 운명의 피에르 퀴리를 만나게 된다. 피에르는 파리의 '공업 물리와 화학 교실'의 책임자로 마리보다 여덟 살이 더 많았다. 마리는 동료 물리학자에게 실험실을 구해주기 위해 소개로 피에르 퀴리를 찾

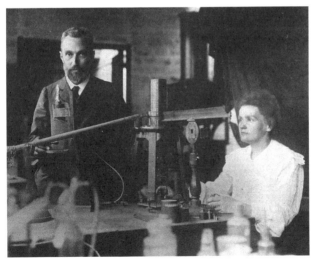

연구실에서 퀴리 부부, 1907년 이전

아갔다가 자신의 운명을 바꿀 만남을 하게 된다. 마리는 삼십 년 후에 쓴 《자서전 노트》에서 그날의 만남을 이렇게 회고하고 있다. 파사초프의 문장이 너무 좋아서 여기에 그대로 옮긴다.

"방에 들어섰을 때, 프랑스 풍의 유리창 너머 발코니에 서 있는 적갈색 머리와 투명한 눈을 지닌 큰 키의 젊은 사람이 눈에 들어왔다. 얼굴에는 진지함과 친절함이, 태도에는 일종의 자유분방함이 풍겨 나왔다. 마치 상념에 잠겨 있는 몽상가 같았다."

여느 남녀의 만남도 시작될 땐 천둥이 치고 번개가 치듯이 시작된다지만, 이들의 만남은 인류가 에너지와 물질을 이해하는 관점을 바꾸어 놓았다는 면에서 더더욱 개벽이라 할 만했다.

건조하지만 견고한 사랑

피에르가 마리에게 최초로 주었던 선물은 (보통 여자의 눈으로 보자면 어이 없게도!) 자신의 논문이었다. 논문 제목이 '물리 현상의 대칭성에 대하여'였다는데 그것을 받아들고 뛸듯이 기뻐했을 여자 또한 마리 말고는 몇 명 없을 터이니 그들이 부부로 맺어진 것이 새삼 신기할 일도 아니다. 사람들에게는 저마다 다양한 가치가 있고, 그 가치를 알아봐주는 눈을 가진 사람에게 끌리게 마련이다. 피에르는 자신의 연구를 제대로 이해할 수 있는 여자를 만났다는 사실에 고무되었을 것이고, 마리는 가난한 유학생의 꿈을 이해하고 지지하는 남자를 만났다는 사실에

벅찼을 것이다.

그들은 만난 지 일 년이 지난 1895년 조촐한 결혼식을 올렸고 자전거를 타고 프랑스 시골로 신혼여행을 떠났다. 이날 웨딩드레스 대신 입었던 암청색 외출복을 마리는 이후 실험실에서 몇 년간 즐겨 입었다. 이 결혼이 그녀의 연구사에서 기념비적인 사건이었다는 것을 엿보게 해주는 일화이다.

마리 퀴리의 노벨상 인물사진(1903)

그러나 부부의 연구 생활은 그다지 순탄하지 않았다. 피에르가 정규 과정을 마친 연구원이 아니었기 때문에 (현대 한국 사회식으로 말하자면 학벌이 뛰어나지 않았기 때문에) 뛰어난 연구 실적에도 제대로 된 실험실도 구하기 어려웠다. 게다가 프랑스의 학제 분위기란 게 어떤 것이었는지 잘은 모르겠지만, 프랑스는 그들의 연구 성과를 인정하는 데 인색했다. 오히려 스위스에서는 피에르에게 교수직을, 마리에게는 공무원직을 동시에 제공하겠다고 러브콜을 보내올 정도였다는데 말이다. 나중에 프랑스 최초의 여성 박사로 지명도를 얻은 후 마리 퀴리는 이러한 프랑스의 편파적인 태도에 대해 자주 강하게 불만을 표출했다.

노벨상으로 얻은 것과 잃은 것

1903년 마리는 박사학위를 취득했고, 동시에 노벨상도 공동 수상했다. 원래 마리는 공동수상자가 아니었으나, 이전까지 쌓아 온 공로가 인정되고 피에르가 그녀의 공동연구 업적이 지대함을 꾸준히 알려온 덕분에 피에르, 베크렐과 더불어 공동으로 노벨물리학상을 받았다. 수상 후 연설에서 피에르는 마리의 공적과 기여에 대해 조심스럽고 분명하게 밝혔다. 부인의 지성을 높이 사고, 평생 학문의 동반자로서 함께 살아온 남편의 간절함이 전달됐을 것이다. 그런데 마리가 처음에 노벨상 공동 수상자에서 제외된 이유는 무엇이었을까? 프랑스인이 아니어서였을까, 아니면 남자가 아니어서였을까. 그 모든 편파성을 물리치고도 세계 최고 과학자로 존경받게 되었기에 마리 퀴리가 지금껏 모든 여성 과학자들의 흠모를 받고 있는 게 분명하다. 그리고 세상의 편견을 향한 그녀의 전투에서 남편의 무조건적인 지지가 분명 커다란 힘이 됐을 것이다.

그들은 노벨상으로 명성을 얻었고, 처음으로 조교를 고용할 수 있을 정도의 돈도 얻었다. 그러나 그들은 조용히 학문할 수 있는 자유를 잃었고, 아이와 고양이의 일상까지 사진 찍히는 등 사생활의 평안을 잃어버렸다. 요즘 말로 하면 최고의 지성으로 이름을 알린 이 국제 학자 부부(프랑스인-폴란드인)에게 파파라치가 잔뜩 사진기를 들이대고, 먹잇감을 노리는 하이에나처럼 어슬렁거린 셈이다. 학자에겐 학문할 수 있는 사색이 필요하고, 운동인에겐 연습할 수 있는 시간이 필요하며, 예술가에겐 영감이 떠오를 수 있는 자유가 필요한 법인데, 당최 사람들의 호기심을 자극해야만 밥벌이가 되는 언론이란 왜 이다지도 가벼운지 모르겠다.

혼자 남겨진 마리, 더욱 고독한 전투

가장 좋은 시간은 항상 짧다고 하던가. 1906년 피에르 퀴리가 갑자기 마차 사고를 당하여 마흔일곱 살의 젊은 나이로 유명을 달리했다. 마리 퀴리는 이렌느와 이브 두 딸을 둔 서른아홉 살의 미망인이 되고 말았다. 피에르의 자리를 이어받아 소르본 대학의 교수가 된 마리의 첫 수업은 피에르가 마지막에 했던 수업을 고대로 이어받아 진행된 것으로 유명하다.

마리는 단 한마디도 자신의 개인적인 감정을 표현하지 않았고, 구름처럼 몰려든 감성적인 프랑스인들은 그것에 몹시 실망했다. 그녀는 너무 슬펐기 때문에 단 한마디도 할 수 없었던 것일 게다. 자신의 감정을 놓고 떠들어대는 세상에게 그렇게 건조한 방식으로 일침을 가하고 싶었던 것일 게다. 어쩌면 그녀가 프랑스인이 아니고 폴란드인 — 어렸을 때부터 압제를 견디며 살아야 했던 불운한 나라 사람들 — 으로 길러져 왔기에 가능한 일이었을지도 모르겠다.

그리고 또 하나, 그것이 아마 마리가 남편을 사랑한 방식이었을 것이다. 피에르가 생전에 "어떤 일이 있어도, 둘 중 한 사람이 죽어도, 연구는 계속되어야 한다."라고 말했던 뜻을 가장 그녀의 방식대로 지킨 것이라 생각한다. 물리학 원소와 자기장에 대해 설명하는 그녀의 첫 수업에 대해 상상해 본다. 그녀 자신도 그렇게 어이없는 계기로 자신이 소르본 대학의 첫 번째 여자 교수가 될 줄은 전혀 몰랐을 것이다. 그녀에게 학문의 자유를 선사했던 사랑은 그렇게 죽음 후에도 그녀에게 줄 수 있는 모든 것을 다 주고 떠나갔던 것이다. 그러나 누군가가 남편을 다시 살려내겠느냐, 소르본 대학의 최초 여자 교수 자리를 포기하겠느냐 물었다면, 당연히 그녀의 선택은 그녀가 인생을 걸었던 남편이 아니겠는가. 그녀의 깊은 상심을 우리 중 그 누구가 제대로 이해할 수 있을까.

남겨진 자의 고독, 터널 같은 공백

마리는 1911년 10월 7일부터 1912년 12월 3일까지 자신의 실험 노트에 아무것도 적지 않았다. 그리고 이때 그녀의 치명적 실수가 벌어졌다. 학문적 동료였던 랭거빈과 가까워졌던 마리는 이때 하얀색 드레스를 입는가 하면, 자신의 집 근처로 이사 온 랭거빈의 집에서 함께 점심을 먹는 등 이상 행보를 보이기 시작했다. 이후 랭거빈의 부인이 랭거빈에게 이혼소송을 걸었고 프랑스 언론지들은 신 났다는 듯이 마리를 향해 총구를 겨누기 시작했다. 심지어 이 당시 결정된 그녀의 노벨상 화학상 수상을 취소해야 한다는 의견도 있었다. 그녀는 남의 가정을 깨뜨린 파렴치한 여성으로 공격받았고, 폴란드인임을 넘어서서 유대인이라는 것

까지 거론되면서 완전히 구
석으로 내몰렸다.

미망인이 외로움을 견디
지 못해 누군가 찾을 수 있
는 문제지만, 하필이면 그것
이 유부남이었다는 것은 참
으로 안타까운 문제이다. 비
록 랭거빈의 가정이 이미 흔
들리고 있었고, 랭거빈 자신

퀴리 부부와 큰딸 이렌느의 한때, 1906년 이전

도 그다지 가정에 충실하지 않았다고 해도(랭거빈은 마리 이후에도 여제자
와 외도를 하여 아이를 낳기도 했다) 마리가 유부남과 연애를 하는 잘못을
저질렀다는 명제가 바뀌는 것은 아니다. 다만 그럴 수밖에 없었을 그녀
의 고독을 인간적으로 동정할 뿐이다. 피에르가 죽고나서 남은 이들 중
에서 가장 학문적으로 말이 잘 통했을 랭거빈에게 그녀의 마음이 쏠리
는 것은 아마 신도 막을 수 없었을 것이다(만일 당신이 호사가라면 마리의
손녀 엘렌이 랭거빈의 손자 미셸과 결혼했다는 사실에서 남은 재미를 취할 수 있
을지도 모르겠다).

마리 자신이 'L사건'이라고 표현한 이 스캔들로 마리는 하마터면 자
신과 남편이 쌓아올린 모든 것을 잃어버릴 뻔했다. 언론은 피에르가 마
리의 부정에 상심한 나머지 자살한 것이라고 억측 기사를 내기도 했고,
마리는 피에르의 옷자락에 매달려 겨우 노벨상을 탄 것이라고 폄하하

기도 했다. 심지어 피에르 본인도 정규 과정을 밟은 것이 아니니 재평가 되어야 한다는 억지 기사가 나오기도 했다. 만일 그런 어줍잖은 이유로 꼭 재평가가 필요하다면 학벌이 좋은 사람들이 정말로 제대로 된 결과를 내고 있는가를 먼저 살펴보는 게 좋을 텐데 말이다. 아마도 이 시기는 마리에게 큰 인생 공부가 되었을 것이다. 이 사건 이후로 마리가 단한 번도 스캔들에 휘말리지 않은 것을 보면 정말 그러한 것 같다.

맺으며

이후 마리는 라듐 노출로 인해 사망할 때까지 멈추지 않고 계속 연구를 했다. '둘 중 누군가 죽어도 계속되어야 했을 연구'는 딸 이렌느와 사위 졸리에게로 이어져서 계속 진행되었다. 이렌느는 유능한 과학자이며 후배인 동시에, 고독에 빠진 어머니에게 힘이 되어준 또 다른 사랑이었다. 마리는 연구 동반자 피에르를 잃은 대신에 그와의 사이에서 얻은 이렌느와 새로운 동반자 관계를 이루어 계속해서 학문을 진행할 수 있었던 것이다.

이쯤 되니 이런 질문이 자연스럽게 떠오른다. 대체 학문이란 무엇이길래 이다지도 동반자를 갈구하게 하는가. 그리고 자신의 학문을 알아봐 주는 사람, 그것에 가치를 걸어주는 사람에 목을 매게 하는 것인가.

한 남자가 한 여자를 빛냈고, 두 사람이 인류를 구했다. 피에르 퀴리가 마리 퀴리를 끝없이 옹호해 주었기에 마리 퀴리는 여자에게 후하지

폴란드 루블린의 마리아 퀴리-스클로도프스카 대학교
에 서 있는 마리 퀴리의 동상

않은 당시 학계의 편견을 보란 듯이 깨고 학문의 경지에 올라설 수 있
었다. 그리고 그렇게 학문 교류의 소중함을 아는 두 사람이 만났기에
라듐이 발견됐고, 많은 사람들의 목숨을 구할 수 있었다. 어떤 사람들
의 사랑은 이처럼 커다란 스케일 위에서 이루어지기도 하는 법이다. 서
로를 존중하고 지성을 나누며 진정한 동반자로서의 삶을 실천했던 퀴
리 부부의 삶과 사랑이 바로 그러하였다.

미셀러니 9 학문의 동반자

수필가 피천득은 그의 작품 〈서영이〉에서 "천품이 있는 여자로서 자기의 학문, 예술, 종교 또는 다른 사명이 결혼생활과 병행하기 어렵다고 생각된다면 차라리 독신으로 지내는 것이 나을 것"이라 하였다. 그러면서 덧붙이길 "결혼생활이 지장을 가져오지 않고 오히려 도움이 된다면 참으로 다행한 일이며, 퀴리 부인 같은 경우가 좋은 예"라고 하면서, 사랑하는 딸 서영이가 퀴리 부인처럼 결혼을 통해 더욱 성장했으면 하는 소망을 내심 비추었다.

그의 작품을 기억하고 있던 나는 같은 분야에서 일하고 공부하는 남편과 결혼하게 되면서부터 퀴리 부인의 생애와 사랑, 결혼을 통한 성장에 관심을 갖게 됐다. 나와 남편은 같은 사무실에서 함께 일하면서 서로 의지했지만, 가끔 크게 다투기도 했고 그래서 각자의 시간이 필요하다고 생각할 때도 있었다. 그렇다보니 다른 사람들 — 부부이면서 공동연구자인 사람들은 어떻게 이런 문제를 해결해 나가고 있는 것일까 자연스레 궁금해졌고, 나는 참고할 만한 부부들을 찾아보기 시작했다.

의외로 부부 과학자들을 다룬 글들이 많았다. 모범이 될 만한 여러 부부 연구자들이 많은 가운데, 가장 기억에 남는 부부는 죽음까지 함께 했던 미국 스탠퍼드대학교의 데이비드 퍼킨스 박사와 도로시 뉴마이어 퍼킨스 박사이다. 그들은 1952년에 결혼하여 오십사 년간을 함께 해로했다. 남편 퍼킨스 박사가 주도하는 연구소에서 도로시 퍼킨스 박사는 수석연구원으로 삼십여 편의 논문을 써내는 등 두 사람은 집 안팎에서 서로의 믿음직한 동반자로서 평생을 살았다. 생의 마지막에 이르러, 2007년 데이비드 퍼킨스 박사가 병에 걸려 여든일곱 살의 나이로 운명을 달리하자, 나흘 뒤에 도로시 퍼킨스 박사가 여든다섯 살의 나이로 자택에서 자연사했다. 스탠퍼드대의 동료들은 이러한 부부애를 기려 "그들은 인생, 사랑, 연구, 그리고 죽음까지 함께 한 모든 면에서 진정한 파트너였다."라고 추모사를 썼다.(1)

그래도 역시 마리-피에르 퀴리 부부가 가장 유명한 부부 과학자라는 데엔 그 어떤 글두 이견을 달지 않고 있었다. 같은 연구실에서 함께 연구하고 노벨상을 공동 수상한 이 위대한 부부 과학자는 집안 대대로 부부 과학자를 배출해 내면서 명실공히 과학 명문가를 이뤄냈다. 퀴리 부부의 큰딸인 이렌느 퀴리의 남편인 프레데릭 졸리오는 아내의 성인 퀴리를 몹시 자랑스러워하여 자신의 성으로 삼았다. 서양에서 남녀가 결혼을 하면 부인이 남편 성을 따르는 일반적인 관례를 깨뜨릴 정도로 퀴리란 이름은 큰 의미를 가졌던 것이다. 이 젊은 퀴리 부부 역시 그들 부모의 뒤를 이어 노벨화학상을 수상하면서 퀴리 가문은 2대에 걸친 노벨상 수상이라는 기록을 세웠다. 그들의 딸인 엘렌도 후일 핵물리학자가 됐고 동료 학자와 결혼하면서 또다시 퀴리 가문이 배출한 부부 과학자의 저력을 과시했다.

마리-피에르 퀴리 부부에게 학문은 그들을 공고히 묶어 주는 주된 매개체였다. 대체 학문이란 무엇이길래 이다지도 동반자를 갈구하게 하는가. 그리고 자신의 학문을 알아봐 주는 사람, 그것에 가치를 걸어 주는 사람에 목을 매게 하는 것인가. 젊은 한나 아렌트와 하이데거의 만남이 만일 결혼으로 맺어질 수 있는 것이었다면 그들은 더 활발한 활동을 펼칠 수 있었을까. 만일 그렇다면 결혼으로 맺어질 수 있었던 이부부는 서로 만났다는 것, 그리고 상대를 알아보았다는 것 이상으로 커다란 행운을 누렸던 것이라 할 만하다. 그러나 행운이 따라줘서 결혼이 가능했다고 하더라도, 그 이후 서로 도와 좋은 연구 결과를 내고 그를 바탕으로 인류를 이롭게 하는 것은 두 사람의 노력이 있어야 가능한 일이다.

나와 남편은 독립된 연구를 시작한 지 얼마 안 된 햇병아리 학자 부부이다. 우리는 대학원생 시절 몇 번에 걸쳐 공동 연구를 진행한 적이 있긴 했지만, 그것을 진정한 의미의 협업이라고 보기는 어려웠다. 사소한 문제로 다투게 될까 봐 지레 염려해서 첨예한 논쟁을 피했고, 그러다 보니 토의는 있어도 논쟁은 없었다. 좀 더 적극적으로 공동 연구에 임했더라면 우리도 더 나은 결과들을 얻을 수 있었을까. 앞으로 우리가 몇 개나 더, 얼마나 오래 공동 연구를 하게 될지는 모르겠지만, 앞으로는 좀 더 적극적으로 연구에 임해 봐야겠다. 가장 신뢰할 수 있는 학문의 동반자를 얻는 행운을 누렸다는 것을 이제 알게 됐으니, 공동 연구에 정성을 다하여 쓸모 있는 결과를 얻도록 노력해 볼 생각이다. 노벨상까지 탈 필요는 없지만, 그래도 오랜 기간 온 심신을 다 바쳐 한 공부인데, 우리의 공부가 사람들의 삶을 조금은 더 낫게 만들 수 있어야 하

지 않겠는가 말이다. 그리고 우리 유카이도 꼭 우리 뒤를 따라서 학자
가 될 필요까진 없지만, 장래에 무슨 일을 하든지 간에 꼭 사회에 도움
이 되는 사람으로 성장했으면 하는 게 엄마로서의 내 바람이다.

출처

〈1〉 김청한 기자의 〈부부 과학자를 찾아서 (하)〉《Science Times》.

2. 세대를 초월한 깊은 이해와 존중, 조화로운 동반자 헬렌-스콧 니어링

들어가며

자연주의의 실천자들이며,《조화로운 삶》을 집필한 헬렌-스콧 니어링 부부에 대한 생각은 환경과 관련된 공부를 시작하면서부터 항상 하고 있었다. 그런데 글로 써야겠다는 생각은 영화 〈페어러브〉를 보면서 하게 됐다. 늘 감미로운 커피향 같은 배우 안성기가 오랜만에 로맨스를 찍었다는 것만으로도 〈페어러브〉는 충분히 관심을 끌만 했는데, 그가 친구가 죽은 후에 친구의 딸과 사랑에 빠진다는 설정이 파격적이라 더욱 영화에 마음이 쏠렸다.

영화 속에서 오십 세가 넘은 것으로 설정되어 있는 안성기가 맡은 형만은, 이하나가 연기한 상대역 남은이 스물여섯 살이라고 하는 것으로 보아 대략 오십둘에서 오십셋 정도의 나이일 것이다. 형만은 남은이 살아온 인생의 정확히 두 배를 더 산 것이다. 게다가 두 사람은 연인이 되기에는 '친구의 딸 — 아버지의 친구'라는 관계에 대한 눈총부터 극복해야 한다.

내 생각에 〈페어러브〉는 세상 사람들이 이 유별난 관계가 과연 로맨스를 이루는 것을 허락할 수 있겠는가 하는 가치판단에, 영화의 전부를 모두 걸고 있다고 해도 과언이 아니다. 처음 영화를 홍보할 때에, 이 자극적인 관계에 초점을 맞추었을 것이고, 영화를 진행하면서는 15세 이상 관람가로 두 사람의 달콤한 연애 관계만을 조명하면서 비난을 비껴가려고 했을 것이다. 결국 긍정적인 평가는 영화를 본 사람들이 두 사람의 사랑이 그럴 법한 것이라고 인정해 줄 때에야 비로소 가능해지는 것이다.

1949년 위스콘신에서 열린 미국의 채식주의자 대회에 참석한 헬렌 니어링(1904~1995)과 스콧 니어링(1883~1983)(1)

어떻게 친구의 딸과 사랑에 빠질 수 있는가, 어떻게 아버지 친구와 사귀는가. 세상 사람들은 어린애야 몰라서 그렇다 치고 나이 먹은 너는 왜 그러냐고 형만을 다그친다. 그러나 사람들은 둘 사이에서 고백한 것이 남은이었다는 사실을 모르고 있다. 나이만 먹었지 자기 세상에서 나오질 않고 사진관 한구

영화 〈페어 러브〉의 포스터

석에서 늘 커튼을 치고 살았던 형만에게 "아저씨 이뻐요" 이렇게, 결코 어린 나이가 아닌 스물여섯 살의 남은이 먼저 말을 걸어주었던 것이다. 나중에 형만이 "남은이는 섹시해" 하고 주변 인물에게 말하는 장면은 남은의 고백에 대한 화답으로 볼 수 있다. 두 사람은 그렇게 사랑을 시작한 것이다.

친구의 딸 – 아버지의 친구

헬렌–스콧 니어링 부부는 현실에서도 이런 사랑이 얼마든지 가능하다는 것을 보여준 실존 인물들이다. 평생을 철학의 동반자로 미국 버몬트 숲에서 자연주의를 실천하며 살아간 두 사람이 만난 것은 1928년이다. 당시 스콧은 헬렌의 아버지의 친구인 저명한 교수였고, 당시 마흔다섯 살이었다. 아버지의 심부름으로 스콧을 만나러 갔다가 사랑에 빠진 헬렌은 그때 스물네 살이었으니, 두 사람의 나이 차이는 스물한 살에 달했다.

재미난 것은 이 남녀 사이에서도—마치 〈페어러브〉에서처럼—먼저 고백을 한 것은 헬렌이었다. 헬렌은 스콧의 사상에 깊이 감화받았고, 스콧에게 철학적 동지이자 그의 여자로 평생을 함께 살아가고 싶다고 적극적으로 고백했다. 스콧은 처음에 헬렌을 만류했지만, 서서히 그의 열정에 끌려 서로 사랑하게 되었다(헬렌이 스콧을 선택하면서 그의 아버지와 의절했다는 사실은 매우 안타깝다. 미국이건 한국이건 아버지의 친구–친구의 딸의 결혼이 받아들여지는 것은 어려운 일이다.).

두 사람은 후에 스콧이 100세를 전후로 일부러 식음을 전폐하여 자연사를 택할 때까지 함께했다. 헬렌은 그의 사랑이 이십 대 젊은 청년의 치기가 아니었음을 평생을 통해 보여준 셈이다. 헬렌은 1983년 남편이 죽은 후 1995년까지 위대한 스승이자 남편이었던 스콧의 유지를 지키며 열두 해를 더 살았다.

젊고 용감한 여자의 구애

어쩌면 스콧과 헬렌의 사랑은 헬렌이 저돌적으로 스콧에게 구애했기에 그 시작이 가능했을지도 모르겠다. 헬렌은 사실 스콧 이전의 애정사에서 보여준 과감성으로도 꽤 유명하다. 그는 이십 대 초반에 연하였던 인도의 선지자 크리슈나무르티의 연인이 되어, 세계를 여행하며 철학과 신념을 설파하는 그를 따르는 신지학회의 일원이 되어 호주, 네덜란드, 미국 등 세계 여러 곳을 여행하며 함께 철학을 탐구하기도 했었다.

사랑이 끝날 때까지 헬렌은 이 일에 매우 열성적이었으며 이 관계를 통해 자신만의 철학 세계를 세운 것으로 보인다. 이 연애 사건을 보면 헬렌이 나이에 구애받지 않는 사랑을 한다는 것, 그리고 한번 사랑에 확신을 갖고 빠져들면 상대와 혼연일체가 되어 몰입한다는 것을 알 수가 있다. 그러므로 그가 스콧의 깊고 박식한 철학에 감화되어 평생 동반자가 되기로 결심한 것은 오직 그만이 할 수 있는 매우 자연스러운

파울로 코엘료의 장편소설《브리다》의 표지

선택이었던 것이다.

파울로 코엘료의 장편《브리다》를 보면, 스물한 살의 젊은 브리다가 마법을 배우기 위해 마법사를 찾아가는 장면에서부터 이야기가 시작된다. 마법사는 자신의 감정을 내보이지 않으려 애쓰면서 자기 영혼의 짝인 브리다를 성장시키기 위해 노력을 기울이는데, 브리다는 마법은 모르지만 자신만의 느낌과 확신으로 마법사가 자신의 남자임을 알아보고 적극적으로 구애한다.

현실에서, 영화에서, 또 소설에서, 젊은 여자들은 자신의 신념을 따라 움직였고 그 과정에서 자신의 남자를 만났다. 그들은 자신의 남자가 몇 살인가를 보지 않고 그 남자가 어떤 정신을 가지고 있는가, 얼마나 뜨거운 에너지를 가지고 있는가, 그것을 보았다. 사랑을 선택함에 있어 눈이 밝고 두려움이 없었던 그들의 사랑을 받았던 상대 중년 남성들은 그 용감하고 젊은 여자들의 나이가 아니라 그들의 자유로운 정신에 기뻐해야 할 일이다(물론 그 남성들도 사랑받아 마땅할 인생의 경험과 너그러움, 젊은 감각 등을 응당 지녔겠지만 말이다.).

열정을 넘어선 존경과 신뢰

헬렌과 스콧은 많은 나이 차에도 불구하고 서로를 동료로, 친구로,

연인으로 존중하며 일생을 살아갔다. 부유한 가정에서 자라난 헬렌과 기존 체제에 저항했던 스콧의 만남은 언뜻 보기엔 어울리지 않아 보이지만, 두 사람은 그 무엇보다 강한 정신적 유대관계를 보여주었다. 헬렌은 그의 남편을 가리켜 시대의 지성이며 현자라고 일컬었으며, 스콧 역시 그의 저서에서 그가 생각하는 사상가로 톨스토이와 간디 다음으로 헬렌을 지목하는 등, 그들은 애정 그 너머에 있는 존경과 신뢰의 영역으로까지 그들의 사랑을 확장시킨 것처럼 보인다.

두 사람은 버몬트에 있는 목장으로 옮겨서 생필품을 자급자족하고 캐시을 고집하며, 자연 그대로의 모습에 가장 가까운 삶을 영위하며 살아갔다. 두 사람은 인생의 본질을 깨우치고 삶의 의미를 자연스러움에서 찾는 것에 집중하였다. 그들은 공통된 사상을 공유하였고, 서로에게 존경심을 품고 있는 최고의 조력자였다.

무릇 존경할 수 있는 상대를 만나고 싶다고 생각한 적이 있는 사람이라면, 이들의 관계를 눈여겨볼 일이다. 그리고 과연 자신이 생각하는 존경이란 것이 어떤 의미인지 다시 한 번 구체적으로 정의를 내릴 필요가 있다. 상대의 정신세계, 인성, 삶의 경험, 일 처리 능력, 그런 여러 가지 것들 중 어떤 것을 존경하고 싶은 것인지, 그리고 과연 내 자신과 나이 차이가 얼마 나지 않는 상대에게서도 그런 존경심이 우러나오는 의젓함을 발견할 수 있을 것인지 생각해 보아야 한다. 자칫 '존경'이란 단어로 포장된, 로맨스 소설에나 나올 법한 비현실적인 인물상을 이상형으로 꼽고 있는 것은 아닌지 곰곰이 생각해 볼 일이다.

자연스러운 죽음에서 완성된 실존

니어링 부부의 삶에서 가장 아름다운 장면은 역설적으로 스콧이 죽음에 이르는 때인 것 같다. 스콧은 100세 생일부터 곡기를 끊고 자연사하는 방식을 택했다. 그는 어떤 종교의 개입도 허용하지 않았고 많은 사람들이 그의 장례에 참석하길 바라지 않았다. 둘은 죽음을 부정하지 않았고 헬렌은 스콧이 선택한 죽음의 방식을 존중했다. 그리고 그녀 역시 자신이 생각하는 평온한 상태의 죽음을 맞기 위해 노력하며 살았다. 스콧은 결국 자신이 생각한 대로 자연스럽게 죽음을 맞았으나, 헬렌은 홀로 열두 해를 더 살다가 아흔두 살이 되던 해에 교통사고로 운명을 달리하게 되어 자신의 방식을 실천할 기회를 잃고 말았다.

스콧이 선택한 죽음의 방식은 개인의 철학에 따라 받아들여질 수도 그렇지 못할 수도 있는 문제지만, 적어도 헬렌과 스콧이 두 사람의 삶뿐만 아니라 죽음까지도 깊이 성찰하고 생의 일부로 받아들였다는 사실은 경이롭게 다가온다. 니어링 부부가 단순히 나이 차가 많이 나는 신기한 커플로 회자되지 않고, 서로를 향한 신뢰와 애정에 기반을 두고 자신들의 철학을 생활 속에 옮겨 실천한 선각자로 기억되는 것은 이렇듯 남다른 실존 방식 때문인 것이다.

사랑은 나이가 아니라 신념을 따라간다

다시 '브리다'로 돌아가서, 마법사는 자신의 전능을 통해 젊은 브리다가 자신의 소울메이트임을 한눈에 알아보며 혼자 생각하기를, '내 나이의 반도 안 되었겠군' 하는 장면이 나온다. 마법사는 자신의 상대가 너무 어린 것에 난처해하기도 하고 얼굴을 붉히기도 하나, 조심스럽게 마음을 숨겨 가며 자신의 상대를 향해 뒤늦은 열정을 불태운다. 브리다는 먼저 만났던 소울메이트인 로렌스보다 마법사에게 먼저 다가가서 자신과 함께 가자고 용감하게 말하지만, 마법사는 그들의 인연을 거기서 접고 브리다를 로렌스와 함께 보내주기로 결심한다.

헬렌과 남은과 브리다는 자신의 두 배 정도 나이가 많았던 자신의 남자에게 두려움 없이 구애했다. 그들은 상대의 철학을, 순정을, 열정을 사랑했고, 그랬기에 용기를 냈다. 스콧은 죽음에 이를 때까지 헬렌과 살았고, 형만은 남은과 새로 인생을 열었지만, 마법사는 브리다를 보내주는 쪽을 택했다. 사랑은 결국 사랑의 당사자가 선택하는 모습대로 그려지게 마련이다. 사랑하는 사람의 나이 때문에가 아니라 그들의 신념을 따라 사랑은 계속되기도 하고 끝나기도 하는 것이다.

맺으며

나이는 꽤 중요한 숫자이긴 하지만 사랑 안에서 그 숫자의 의미는

헬렌의 저서《아름다운 삶, 사랑 그리고 마무리》(1992) 원서 표지

무색해지기도 한다. 스콧 니어링은 마흔다섯 살에 헬렌을 만나서 오십오 년간을 함께 살았다. 그가 헬렌을 모르고 살았던 날보다 알고 살았던 날이 더 많았던 셈이다. 헬렌은 스물네 살에 스콧을 만나서 일흔아홉 살에 자신의 남자를 먼저 떠나보냈다. 그들이 사랑한 시간은 충분히 길었다.

나이 차이가 사랑의 본질이 아닌 것은 분명하다. 함께 사는 동안 얼마나 행복할 것인가는 나이가 결정해 주는 게 아니므로. 서로에 대한 이해와 존중은 나이 차이를 넘어서, '조화로운 삶'을 함께 영위할 때 가능한 것이다. 니어링 부부는 단지 물리적 생활만을 공유한 것이 아니라 그들의 정신마저 완벽히 결합시키는 과정을 통해 진정한 삶의 동반을 영위할 수 있었다. 존경과 신념이 사랑의 또 다른 이름이 될 수 있다는 것을 니어링 부부는 그들의《아름다운 삶, 사랑 그리고 마무리》를 통해 사람들에게 보여주었다.

출처

〈1〉 International Vegetarian Union (IVU) http://www.ivu.org/members/council/scott-nearing.html

미셀러니 10 아름다운 중년, 안성기의 〈페어러브〉

스물여섯 살 난 친구의 딸과 쉰 살이 넘은 아버지의 친구가 사랑에 빠지다. 우리가 니어링 부부의 이야기를 알고서 보더라도 영화 〈페어러브〉는 여전히 좀 불편하다. 예를 들어 나이도 지긋한 형만(안성기 분)이 남은(이하나 분)에게 '오빠'라고 불러달라는 장면은 정말이지 실소를 금할 수가 없다. 한국 남자들의 '오빠' 판타지는 나이를 먹어서도 사라지지 않는 모양이다. 사랑에 빠진 남자는 이십 대건 오십 대건 아기가 되어 버리는 건가, 그 마음을 이해하지 못하는 것은 아니지만, 그래도 형만이 남은에게서 걸려온 전화를 받을 때마다 "응, 오빠야." 하는 장면은 정말 속이 느글거리게 만든다. 영화 속에서 사진관 조수는 그런 관객의 불편한 맘을 대변이라도 해주듯, "저 오빠 소리 너무 듣기 싫지 않아요?" 하고 대사를 치는데, 저도 모르게 "맞아!" 하고 대꾸가 입으로 튀어나올 정도로 불편함이 솟구쳐 오른다.

하지만 대사가 없이 세련된 배경음악과 어울려 두 사람의 연애사가 비주얼로 제시될 때, 사랑에 빠진 그 모습들이 여느 청년들의 사랑 못지 않게 참 아름다워 보인다. 사진관 내 한구석에 커튼을 치고 홀로 살아오던 형만은 남은을 만나고 나서 그 커튼을 활짝 열어 젖힌다. 세상을 향해 자신의 공간을 가리던 장막을 걷고 형만은 자기의 공간과, 자기의 생의 전부나 다름 없던 카메라를 남은과 함께 나누면서 행복을 만끽한다. 둘은 사진관에서 함께 춤을 추며 서로에 대한 애정을 확인하기도 한다. 남은이 형만을 뒤에서 껴안을 땐 마치 외로운 두 사람이 서로 만나 영혼을 껴안은 것 같이 보인다.

물론 〈페어러브〉는 커피향같이 부드러운 안성기의 이미지로 우리의 비난 섞인 눈초리를 살짝 피해가는 면이 어느 정도 있다. 우리나라에서 이처럼 사회적으로 금기시된, 젊은 연인과의 로맨스를 (욕 먹지 않고) 소화해낼 수 있는 중년 배우는 많지 않다. 아직도 왕성한 활동을 보여주고 있는 백윤식이나 실제로 나이 차이가 많이 나는 결혼을 한 이한위가 가능하지 않을까 짐작을 해보지만, 역시나 안성기 말고는 또 다른 누구를 떠올리기가 쉽지않다.

안성기는 1952년 생으로 현재 오십팔 세이다. 극 중 형만은 오히려 그의 진짜 나이보다 너댓 살 적은 셈이다. 그는 삼십 대 초반에 우리나라의 멜로물의 주인공을 석권하다시피 했는데, 기억에 남는 작품으로 〈무릎과 무릎 사이〉(1984), 〈깊고 푸른 밤〉(1985), 〈겨울 나그네〉(1986) 등이 있었다. 그 당시로서는 모두 파격적인 정통 멜로 소재였고 당대 최고의 여배우들인 이보희와 이미숙과 함께 해서 더 화제가 됐었다. 특히 〈무릎과 무릎 사이〉는 그 당시 기준으로는 굉장히 노출이 센 편이어서 연소자 관람불가 영화로 화제가 됐었다. 안성기는 그 후 〈남부군〉이나 〈베를린 리포트〉 같은 작품 영화에 출연을 하기 시작했다. 그러다 그는 다시 한 번 멜로에 등장하는데 김현철의 감미로운 곡이 어우러지고 강수연과 함께 연기했던 〈그대안의 블루〉(1992)가 그것이다. 그의 나이가 정확히 마흔이 되었을 때이다. 물론 그는 그때에도 몹시 섹시했다. 그

멜로 영화 이후 〈투캅스〉(1993)를 기점으로 그는 코미디까지 섭렵하더니, 멜로를 제외한 모든 장르에서 종횡무진 활약하기 시작했다(자세한 작품 리스트는 위키피디아에 소개되어 있으니 참조하시길). 그랬던 그가 우리에게 내 사랑은 아직 끝나지 않았다는 듯이 〈페어 러브〉로 돌아온 것이다.

나이에 대한 터부가 우리보다 좀 덜한 할리우드에는 예순이 넘어서도 젊은 여배우와 전혀 무리 없이 호흡을 맞춘 배우들이 몇몇 존재한다. 전 세계 남자들이 '그처럼 늙고 싶다'라고 생각하는 숀 코넬리는 예순아홉 살에 개러린 제타 존스와 〈엔트랩먼트〉(1999)에서 러브 라인이 있는 액션을 연기했다. 존스가 1969년에 태어났으니 그때 딱 서른이었다. 안성기–이하나의 나이 차이는 우습게 따돌린 숀 코넬리는 섹시하고 아름다운 중년의 명실상부 최고봉이다. 라스트 엔딩을 장식하는 두 사람의 키스신은 대충 십오 년에서 이십 년 정도 차이 나는 커플이려나 생각하고 보게 되지만, 실제로는 삼십구 년이나 차이가 났다는 사실! 이 정도면 딸뻘을 넘어서서 거의 손녀뻘이다!《브리다》의 마법사가 이 영화를 보았더라면, 나이 때문에 주눅들어서 브리다를 포기하진 않았을 텐데.

그런가 하면 잭 니콜슨은 영화 〈사랑할 때 버려야 할 아까운 것들 (Something's Gotta Give, 2003)〉에서 다이앤 키튼의 딸로 나오는 아만다 피트와 연애하는 사이로 나왔다. 당시 실제 예순여섯 살이던 잭 니콜슨은 예순세 살의 바람둥이 문화사업가로 나왔고, 1972년생 아만다 피트는 서른한 살이었는데 스물아홉 살 경매중개인으로 나왔다. 실제 나이 차이가 35년, 영화 속 나이 차이는 34년이었다. 나중에 아만다 피트의 인터뷰를 한 번 보았는데, 피트는 처음부터 영화 촬영이 침대 위에서부터 시작되는 바람에 몸이 경직되어 힘들었다고 털어놓기도 했었다. 이 영화는 나이 든 중년들의 사랑을 조명하고, 마치 형만처럼 나이만 먹었지 진짜 사랑을 할 줄 몰랐던 해리(잭 니콜슨 분)가 어떻게 진정한 사랑을 깨달아가는가, 그리고 중년들이 젊은이들과 어떻게 어울려 사랑을 하는가에 초점을 맞추었던 영화라서 극중 인물들의 나이가 매우 중요했다. 상대역이었던 다이앤 키튼은 쉰여섯 살인 극작가, 그녀를 사랑한 남자로 나왔던 키아누 리브스는 서른여섯 살의 의사였다. 이들 두 사람은 이 영화를 종영하고 나서 실제 연인관계로 발전하는 바람에 더욱 화제가 되었다.

끝으로 숀 코넬리나 잭 니콜슨에 비하면 아직 젊지만, 중년의 섹시함을 맘껏 뽐냈던 제레미 아이언스에 대해서 말하고 싶다. 사적인 견해로는, 현존하는 중년의 할리우드 남자 배우들 중에 아이언스가 제일 섹시한 것 같다. 1948년생인 제레미 아이언스는 1992년 영화 〈데미지〉에서 1964년생 줄리엣 비노쉬와 전 세계가 경악할 만한 스토리 위로 모두가 충격으로 쓰러질 만한 베드신을 연기했었다. 실제 나이가 16년 차이인 두 사람은 불륜에 빠지는 시아버지와 며느리로 나와서 욕도 많이 먹었다. 그러나 영화에 대한 평판과는 별개로, 제레미 아이언스가 놀랍도록 섹시하고 야성적이었던 것은 사실이다. 영화를 본 여자들이, 너무 야하긴 해도 저런 중년이라면 사랑할 수도 있겠다고 영화를 평할 정도로 그는 근사했었다. 1995년 〈다이하드3〉에서 악역을 맡은 그는, 브루스 윌리스에 의해 제거되기 직전 〈데미지〉에 비하면 깃털보다도 더 가벼운 베드신에 들어가는데, 그때에도 헬리콥터 빛에 반사되는 그의 주름살이나 얼굴 근육들이 몹시 섹시하여 저도 모르게 침을 꼴딱 삼키기도 했었다.

〈페어러브〉의 안성기는 숀 코넬리, 잭 니콜슨, 제레미 아이언스와 비교해서도 손색이 없는 아름다운 배우이다. 연기력이야 물론이고, 외모도 멋지게 늙어가는 우리나라의 대표 중년배우이다. 게다가 그는 맨날 마약과 여자에 젖어 사는 사생활이 추한 잭 니콜슨 같은 인물과는 다르게, 건실한 가장이며 자선 사업에도 적극적으로 참여하고 있는 내면도 아름다운 배우이다. 2006년 〈라디오스타〉가 그가 배우로서 건재함을 넘어서서 영원할 것임을 세상에 공표한 영화였다면, 2010년 〈페어러브〉는 그가 아직도 아름답다는 것을 알린 영화였다. 동안과 젊음을 강요하는 이 세상에서 그의 눈가에 자리한 깊은 주름이 웃을 때, 그의 아름다움이 최고로 돋보였다. 하지만 영화인으로서 그가 〈페어러브〉 이후에 또 다른 멜로물을 연기할 수 있을까 하는 의문이 든다. 예순이 넘은 남자배우가 로맨스에 도전하는 것은 우리나라에선 아마 불가능할지도 모르겠다. 그렇다면, 우리가 삼미로운 남사 안성기를 스크린에서 만나는 것은 이번 〈페어러브〉가 마지막이라고 봐야 하는 것은 아닐까. 생각만 해도 아쉬울 따름이다. 〈페어러브〉가 아주 좋은 영화가 되기엔 몇 가지 흠이 보이긴 하지만, 중년을 넘어 노년으로 접어 드는 배우 안성기가 가진 남자로서의 매력을 조명한 영화였다는 점에서 기념비가 될 만하다. 그리고 안성기는 이 영화를 세련된 사랑 이야기로 살려낸 동시에 중년에게도 '사랑은 아름답고 공평한 것(love is fair)'임을 모두에게 보여주었다. 바로 그였기에, 열연과 아름다운 내면, 아직도 건재한 매력을 가진 그였기에 우리가 가진 사랑에 관한 편견과 금기를 조금이나마 부드럽게 녹여줄 수 있었다.

3. 계급의 횡포에 맞서는 정절, 도미와 그의 처

들어가며 – 그들은 실존 인물인가

　도미와 그의 처, 그리고 그들을 곤경에 빠뜨리는 개루왕의 이야기는 《삼국사기》에 〈도미열전〉으로 전한다. 이야기의 진위를 밝혀줄 다른 사료가 없으니 설화로 남았으되, 개루왕이라는 실존 인물이 등장한 점이나, 《삼국사기》에서 도미설화라 하지 않고 열전이라 한 점 등을 보면 실화일 가능성 또한 높다. 이를 두고 충남대 명예교수인 도수희는 도미가 실존인물로, 평민이 아

충남 보령시 소재 정절사에 모셔져 있는 도미부인 표준 영정

니라 백제의 귀족으로 왕에 의해 처형당한 후 한강 도미진에 버려졌을 것이며 이후 고구려에 몸을 의탁했을 것이라고 주장했다.

내가 보기엔 그가 도미를 평민이 아니라 귀족 신분으로 보고 있는 것이 매우 합리적이다. 도수희 교수는 도미가 왕과 내기를 하였다고 개루왕이 도미의 처를 속이려 한 점, 도미의 처가 자기 대신 왕의 수발을 들게 할 여종을 두고 있었던 점을 들어 도미 부처의 신분이 한미한 어부에 지나지는 않았을 것이라고 논거를 들었다. 이 글은 그의 합리적 접근법에 동의하면서 도미 설화를 실화로 가정하고 전개해 나가려 한다.

도리를 어지럽히는 권력의 횡포

〈도미열전〉에 이르길, 도미는 백제 사람으로 그의 부인이 아름답고 절개가 있어 사람들의 칭송이 높았다고 하였다. 만일 도미가 한낱 어부인데 그의 부인에 대한 칭송이 높았다면, 정승 부인이 되어도 좋을 미모인데도 그의 남편을 잘 봉양하니 절개가 있다는 소리를 들었을 것이다. 아니면 도수희 교수의 주장대로 도미는 백제의 귀족이라 이미 이름이 있었던 바, 그의 부인도 자연히 덕망을 쌓게 되었을 것이다. 중국의 패권자 시진핑의 부인이나, 프랑스 대통령 사르코지의 부인에게 쏠리는 이목을 생각하면 짐작하기 쉽다. 물론 그 부인들은 절개가 아니라 화려한 연예계 생활 전적으로 유명한 것이긴 하나, 미모가 회자되었다는 점은 도미 부인의 경우와 크게 다르지 않다.

허나 제 아무리 도미의 처가 유명하다고 해도 일국의 왕이 일개 어부를 불러다가 "네 부인을 내가 꾀어 내고 싶다." 이렇게 말했을 가능성은 별로 높지 않다. 도미가 원래 궁궐을 드나들던 높은 신분이었다면, 가까이 불러 농짓거리 하듯이 ― 왕씩이나 되는 양반이 채신머리도 참 없게 ― 네 부인을 한번 시험해 보지 않겠느냐고 말했을 가능성이 훨씬 높다. 《삼국사기》는 "개루왕이 듣고 도미를 불러 말하되 '대개 부인의 덕이 정결하다 하나 만약 으슥한 곳에서 잘 꾀기만 하면 마음이 변할 이가 많다.' 하니, 도미가 가로되 '사람의 마음은 헤일 수 없사오나 신의 아내는 죽을밍징 민 뜻은 없소이다.'라고 대답하였다."라고 전하고 있다. 이에 왕은 그의 처를 시험해 보겠다는 얼토당토 않은 핑계를 대며, 그의 처에게 사람을 보내 왕의 여자가 되라고 명하며 강제로 처를 취하려 한다.

개루왕은 대체 왜 이런 짓을 하려 했던 것일까. 사서에 전하는 것을 보면 그는 백제의 제4대 왕으로 기루왕의 아들이며, 성품이 순하고 말과 행동에도 조심하여 잘못이 없었다고 전해지고 있다. 그는 왕위에 올랐던 서기 128년에 치른 대신라전에서 승리를 거두며 능력을 과시했고, 서기 132년 북한산성을 축조할 만큼 정치 능력 또한 있었다. 나중에 서기 166년에 세상을 떠나기까지 34년간 별다른 잡음 없이 왕권을 유지하였다. 왕권 말기에 노망이라도 난 것일까, 아니면 우연히 만난 도미의 처의 미색에 그야말로 빠져버린 것인가, 아니면 도미를 정적으로 간주하여 제거하고 전리품으로 그의 아내를 취하려 한 것인가. 혹여 왕이라 대단한 계산이 있는 것이 아니고, 그냥 인간의 추악한 본성 중 하나인 질투가 발동하여, 행복하게 잘 살고 있는 한 남자와 여자 사이를 훼방 놓고 싶었던 것은 아닌가. 그래서인지 설화 속 왕을 백제 제21대 왕이며 비유왕의 아들인 개로왕으로 간주하는 학설들도 있다. 개로왕은 실제로 근개루왕으로 불렸으므로 설화 속에서 개루왕으로 잘못 구전됐을 가능성이 크다. 개로왕은 무리한 토목 공사를 벌여서 백성들의 원성을 높이 샀고, 결국 백제가 흔들리는 틈을 타서 쳐들어온 고구려에게 위례성을 잃었고 그 자신도 목숨을 잃은 바 있다. 두 왕의 행적을 비교해 볼 때, 설화 속 인물과 더 일치하는 사람은 개로왕인 것처럼 보인다.

그 무엇이 왕의 괴상한 행동의 원인이었든지 간에, 왕은 과정에서 자신의 권력을 남용하였다. 그것도 정당하게 쓰여야만 할 권력을 부도덕한 일에 함부로 휘둘렀다. 《삼국사기》는 신하를 왕으로 위장해서 보내어 왕 행세를 하며 도미의 처를 취하려 하였다고 되어 있는데, 왕의 이상 행동으로 봐서는 사기가 왕을 감싸기 위해 왕이 직접 갔는데도 가지 않았다고 적었을지도 모른다는 생각도 든다. 그렇지 않고서야 나중에 부인이 몸종을 대신 들여보내 수발을 들게 했다는 것을 알고 노발대발할 필요까지 있었겠는가.

사실 남의 아내를 취하기 위해 왕이 여염집 문턱을 드나들었다는 게 얼마나 남우세스러운 일인가. 어차피 왕도 신하를 보낸 거였다면 신하와 몸종이 밤을 보내게 된 촌극이 벌어진 것뿐인데 말이다. 자신은 대리인을 보내놓고 왜 도미 부인 쪽은 다른 사람을 보내면 안 된다는 말인가. 왕의 명령을 어겼다고 분노하기엔 그 자신부터가 별로 공정하게 행동하지 않았다. 진짜로 왕이 도미의 자부심을 꺾어놓기 위해 장난삼아 한 짓이었다면, 별일 아닌 것으로 넘어갔을 것이다. 그런 유의 아름다운 민간설화였다면, "네 처가 미색만 뛰어난 게 아니라 재치 또한 그에 버금가는구나 허허허." 하고 두 사람에게 상을 내려 오래오래 행복하게 살도록 했어야 할 노릇이다.

그러나 이야기는 현실 잔혹 설화라서 도미의 처에게 속은 것을 알게 된 왕은 크게 노하여 도미를 붙잡아 두 눈을 빼버리고 강에다 버려버린다. 그러고는 원래 목적이 무엇이었든지 간에 이제는 도미의 처를 제 것으로 만드는 데에만 집착하여 끝까지 그를 취하려 하니, 처가 다시 한 번 기지를 발휘하여 목욕을 하고 오겠다고 핑계를 대고 강으로 도망을 간다. 열전은 거기서 홀연히 나타난 배 하나에 부인이 올라 천성도란 곳에 가서 남편을 만나, 함께 고구려로 향하여 풀뿌리로 연명하고 구걸로 목숨을 부지하며 여생을 마쳤다고 전하고 있다.

부와 권세도 흔들지 못하는 사랑

도미는 왕의 하문에도 굴하지 않고, 그의 처는 지조 있는 사람이라고 꿋꿋이 대답했다. 부인은 남편이 그를 넘기기로 했다는 왕의 농간에도 굴하지 않고 남편을 향한 절개를 지켰다. 두 사람의 정조는 믿음에 기반을 두고 있다. 절개가 굳다 세간의 칭송이 높았던 것을 보면, 왕 이전에도 분명 뭇 사내들의 수작들이 끊이지 않았을 것이고, 그때마다 두 사람은 더러운 세속의 유혹들을 잘 물리치면서 살아왔을 것이다. 그런 소문을 듣고 왕이 오기가 발동해서, 너희들이 왕이 명해도 듣지 않겠느냐 하고 쓸데 없는 짓을 했을지도 모르겠다(인격이 그 따위이니 제대로 된 여자가 말을 들어줄 리가 없다.). 두 사람이 서로 믿고 의지하며 끝까지 정절을 버리지 않은 것을 보면, 도미는 필시 덕이 높은 남자요, 제 아내를 세상 무엇보다 아끼고 지켜줄 줄 아는 남자였을 것이다.

어쩌면 도미는 한미한 평민에서 시작하여 입지전적으로 귀족 신분에 오른 남자였을지도 모르겠다(그랬기에 설화와 열전이 그의 신분을 어부라고 하면서도 이야기 속에선 귀족이나 둘 법한 몸종이 있었다는 식으로, 서사에 있어서 논리적 일관성이 떨어지는 것 아닐까.). 그 과정에서 부인의 헌신이 있었을 것이고, 도미는 그것을 절대 잊지 않은 것이다. 부인 역시 함께 동고동락했던 시간들이 있기에 남편이 가장 소중한 사람일 수밖에 없다.

도미가 세력 기반 없이 귀족에 오른 사람이라면, 나중에 태생부터 귀족인 자들에게 미움을 사는 바람에 말도 안 되는 핑계로 눈을 뽑히는 형벌을 받고 추방당했을 가능성이 제법 높다. 애초부터 귀족 가문에서 태어난 사람이었다면, 제 아무리 왕이라 하더라도 함부로 건드리지는 못하였을 것이다. 하지만 도미는 평민들 사이에서 인기가 높았음에도 그를 감싸안고 비호해 줄 세력이 없었기에 정치권력을 다투는 과정에서 억울하게 축출당한 것일 수도 있다.

이렇게 추측해 보면 도미 부처는 남자의 뛰어난 재능, 여자의 소문난 미색이 결국 화를 부른 것이나 다름없다. 분명 잘 어울리는 선남선녀였을 것이되, 지나치게 사람들의 입에 오르내린 나머지, 이 재인(才人)과 가인(佳人)이 그만 불행해지고 말았다. 칭찬도 지나치면 구설이 되는 법이다.

사랑의 불타협성

만일 도미가 왕이 그의 아내를 취하는 것을 눈감았더라면 어떻게 됐을까. 이는 다시 말해 도미 부처가 서로 덜 사랑했더라면 어땠을까 하는 가정과도 같다. 도미가 더러운 현실에 굽힐 줄 아는 보통 남자라서, 왕이 아내를 탐내니 대들다 개죽음하기보다 차라리 이참에 출세나 하자는 식으로 현실과 타협했더라면 어떤 일이 벌어졌을까. 실제로 중세 유럽 왕가에서 왕이 다른 남자의 아내를 빼앗아 정부로 취할 때 공공연하게 이런 식으로 비굴한 타협이 이루어지곤 했다. 남편들은 왕이 원하는 바에 따라 부인과 명목뿐인 결혼을 유지하거나 아니면 문제를 일으키지 않고 이혼해 주었고, 그 대가로 보통 영지를 하사받고 대지주가 되거나 외국에 대사로 파견되어 명예를 누리는 등의 보상을 받았다.

만일 도미가 왕과 타협했더라면, 출세나 보상은 차지하고 적어도 그는 두 눈을 잃지 않아도 좋았을 것이다. 그리고 남은 평생 의식이 풍족했을 것이며, 고구려에 가서 비참하게 걸인으로 인생을 마치지 않아도 됐을 것이다. 그러나 도미가 왕의 명령에 불복했을 때 어떤 일이 벌어지는지 몰랐을 리 없다. 왕이 제 집에 도착했을 때 제 처가 왕을 어떤 식으로든 거절하리라는 것, 그것이 두 사람에게 어떤 결과를 가져올 것이라는 것을 몰랐을 리가 없다. 다 알고서도 그는 아내를 포기할 수 없었던 것이다. 그가 세상에서 지켜야 할 단 한 가지가 그의 사랑이었던 것이다. 그것은 그의 처로서도 마찬가지이다. 부인에겐 천하를 가진 왕도 필요 없고, 궁궐의 호의호식도 무의미했을 것이다. 그저 부인은 그의 남편과 더불어 조용히 서로 믿고 사랑하며 살아가기를 바랐던 것뿐이다. 이런 지조 있는 사랑을 예나 지금이나 찾아보기 어렵거늘, 이 사랑이 추악한 권세 놀음에 공격받고 커다란 시련을 겪었다는 사실이 무척이나 안타까울 뿐이다.

이 정도의 사랑이면 맹인이 되고 걸인이 되었어도 함께 있는 것만으로도 행복했을 것 같다. 목숨을 건진 것에 감사하고, 다시 만나서 해로할 수 있는 것에 안도하며 함께 살 수 있었을 것 같다. 귀족 신분까지 올라간 남자가 하루 아침에 모든 것을 잃었다고 해서 그의 부인이 남자를 구박하며 지난날의 영화를 그리워하며, 그런 속물된 삶을 살았으리라고는 짐작하고 싶지 않다. 만일 그것밖에 안 되는 여자였다면, 처음부터 왕의 수청을 들었을 테니까. 두 사람의 사랑은 그렇지 않았을 것이다. 두 사람은 백제에서 그들에게 일어났던 일을 그들의 사랑을 확인하는 시련으로 받아들이고, 남은 생애 동안 믿음을 쌓으며 가난하지만 마음 편하게, 유능한 도미와 아름다운 그의 처를 알아보는 이 없는 고구려에서 무명인으로 안도하며 살아갔을 것 같다. 부가 삶의 기준이 아니라, 믿음과 사랑과 절개가 부부가 추구하는 최고의 가치였다면, 둘은 분명 그 누구보다도 행복하게 여생을 마감할 수 있었을 것이다.

맺으며

얼마 전에 북한의 김정은이 부인 리설주를 대동하고 나온 직후, "리설주는 유부녀였다"라는 선데이 평양식의 자극적인 신문 기사를 보고 읽은 적이 있다. 내용인즉, 김정은이 스위스에서 유학을 마치고 온 직후 리설주를 맘에 들어하여, 정혼할 남자가 있는데도 취하였고 한 술 더 떠서 리설주가 가정을 꾸린 후에도 계속해서 만나다가, 둘의 아이가 생기자 이혼을 시키고 결혼하여 살았다는 내용이었다. 리설주의 남편 되는 사람은 대학 교수라고 했는데, 둘의 사이를 알면서도 함구하였더라고 덧붙여져 있었다.

그 기사를 읽고 나니 절로 도미와 그의 처 생각이 났다. 비록 시간이 1,900년가량이나 차이가 나지만, 목적한 바가 부도덕할지라도 권력 있는 자가 남의 사람을 탐하는 것이 여전하며, 계급 구별이 엄연한 사회에서 힘 없는 자가 절개를 지키는 것이 어려운 것이 똑같다. 리설주의 남편이 도미와 달라서 권력자에게 적당히 타협하였고, 리설주가 도미의 처와 달라서 권력자의 여자가 되는 쪽을 택했다는 점이 다르다.

비단 역사 속 세월의 차이뿐만이겠는가. 그 옛날 백제에서도 왕을

서울시 천호동 한강변에 세워져 있는 도미부인 상

따라 궁궐에서 사는 것을 택했을 여자들은 다 그리했을 것이다. 그리고 그게 다 여자들만의 탓이었겠는가. 부부간에 지켜야 할 신의가 없었다면, 별 대단한 사랑이 없었다면, 관계는 쉽게 깨지게 마련이다. 관계란 것이 여자 혼자 쌓은 것이 아니라, 남자와 여자가 함께 만들어나간 것일 테니, 힘 있는 남자를 따라간 여자나, 그 여자를 가게 내버려둔 남자나 부창부수(夫唱婦隨)이다(그 결혼 어울리는 사람들끼리 참 잘했다!).

다만 이야기를 읽는 사람으로서 차라리 다행이다 싶은 것은, 김정은 이 권력을 승계한 후 격노하여 그의 처의 전남편의 두 눈을 뽑아 중국으로 추방하였다는 식의 끔찍한 기사를 읽지 않아도 된다는 점 정도인 것 같다. 하긴 목숨을 부지하는 것, 혹은 부귀를 유지하는 것이 삶의 기준인 사람들에겐 절개나 사랑이란 거추장스러운 이름에 불과한지도 모르겠다. 그래도 믿음과 사랑을 제일로 치는 사람들의 입에서 입으로 도미와 그의 처 이야기는 앞으로도 수천 년을 더 전해질 것이다. 불변하는 사랑의 가치를 믿는 사람들이 존재하는 한 영원히 구전될 것이다.

미셀러니 11 진지왕과 도화랑 설화

백제에 도미 부인 설화가 있다면, 신라에는 도화랑 설화가 있다. 둘
다 왕이 유부녀를 취하려 했고, 여자들은 절개를 지켰다는 내용이다.
대체 왕이란 작자들이 정치는 하지 않고 왜들 그렇게 남의 여자나 넘보
며 다녔던 겐가. 그러니까 백제의 개로왕(개루왕)이나 신라의 진지왕이
나 별 볼 일 없는 왕으로 역사에 남았겠지만서도.

《삼국유사》가 기록하고 있는 진지왕과 도화랑(桃花娘) 설화를 보면,
폐위 직전 진지왕이 그녀를 탐내어 후궁이 될 것을 명하지만 도화랑은
남편이 있는 여자라 그럴 수 없다고 거절을 한다. 도화랑은 아마 그 이
름처럼 복숭아꽃같이 예쁘고 탐나는 여자였던 모양이다. 진지왕은 그
가 폐위되던 해인 790년 백제에게 요지였던 산성 여러 곳을 빼앗겼다.
거기에 남의 유부녀를 취하려 한 도화랑 스캔들까지 터지자 결국 폐위
된 것으로 보인다. 오마이뉴스의 김종성은 그의 역사 칼럼에서 이를 두
고, "왕조국가에서 왕이 여러 여자들을 거느리는 것은 그리 이상한 일
이 아니었는데도 화랑 세력까지 나서서 진지왕의 섹스 스캔들을 문제
삼았다면, 단순히 진지왕이 여자들을 가까이 했기 때문이 아니라 그
과정에서 당시의 성윤리에 위반되는 행동이 있었기 때문이었을 것"이라
고 의견을 피력하였다.

남의 여자를 탐내는 것은 불교에서도 안 되고 기독교에서도 안 되는,
동서고금(東西古今)을 막론하고 거세게 비난받는 도덕적 원죄이다. 진지

왕은 왕이었으니 돌 맞아 죽는 것은 피했으나 왕좌에서 내쫓기고 말았던 것이다. 백제의 도미 부인 설화에선 도미가 추방을 당하는데, 신라의 도화랑 설화에선 왕이 되려 내쫓겼다. 신라가 아마도 군주에게 더 엄격한 윤리적 잣대를 들이댔던 모양이다(역사가 이종학은 이를 두고 혈통 위주의 폐쇄적인 신분제 사회였던 신라에서 왕이 골품이 낮은 여자와 통정하려 했기에 쫓겨난 것이라고 설명하고 있다.).

사서(史書)를 따르면 진지왕은 폐위되던 790년 7월 17일에 죽어서 시호를 진지(眞智)라 하고 영경사(永敬寺) 북쪽에 장사지낸 것으로 되어 있다. 하지만 이상하게도 도화랑 설화는 여기서 끝나지 않고 있다. 진지왕 사후로부터 2년 뒤 도화녀의 남편이 죽자, 진지왕의 혼령이 도화랑에게 나타나 둘이 관계를 맺었고, 이후 비형랑을 낳았는데 진평왕 대에 관리로 등용됐다고 설화는 전하고 있다. 이 부분을 사실적으로 복원해서 읽을 방법은 없는 것일까. 진지왕은 사실은 죽지 않았고 장례를 지내는 조건으로 왕좌에서 내려와 필부(匹夫)가 되었으며 이후 혼자가 된 도화랑을 취하여 함께 산 것은 아닐까? 왕좌에서 내쫓겼다고 해서 알거지가 됐을리가 없다. 금륜(진지왕)은 여전히 진평왕의 작은아버지이다. 동네에 소문 나지 않을 정도의 처우를 받아서 왕의 먼 친척으로 가장해서 얼마든지 살 수 있다.

도화랑의 남편이 병들어 죽었는지 독살당했는지 (아니면 눈알을 뽑혀서 쫓겨났는지) 그것까진 알 수 없으나, 지아비를 잃고 혼자가 된 도화랑과 결국은 합하고야 말았다면, 거기서 태어난 아이 비형랑은 어쨌든 왕족이니까 진평왕이 불러 왕의 사촌이라는 위치에 걸맞게끔 관직을 하나 내어 주었다면 이야기가 제법 잘 맞아 떨어지지 않는가. 두 사람이 낳은 아이에게 어엿한 이름까지 있고 후에 그 아이가 관리까지 됐다는 구절은 아무래도 이 사건이 어떤 형태로든 실제로 일어났을 가능성을 뒷받침한다. 《화랑세기》를 보면 진지왕이 폐위되고 3년간 생존했으며 노리부 공이 왕의 직무를 대행했다는 내용이 나온다. 그러나 《화랑세기》 자체가 위작 논란에 휩싸여 있는 바, 이 내용이 사실을 뒷받침하는 강력한 증거가 되기엔 불충분하다).

'왕을 장례 지냈다'는 표현을 '왕으로서의 생명이 끝났다'로 풀어낸다면, 그는 마치 도화랑과 함께 살기 위해서 왕위를 버린 왕처럼 보이기도 한다. 이리 되면 20세기 영국의 에드워드 8세가 왕족이 아니었던 미국 여자 심슨 부인과 함께 살기 위해 퇴위한 세기적 사건에 비할 만하다. 사실 이 퇴위도 말이 좋아 자발적으로 왕위를 버린 것이지, 남의 부인을 이혼시켜서 같이 살려고 하는 왕이 뭇 사람들의 신망을 얻었을 리 없으니, 자의 반 타의 반으로 왕위에서 내려왔다고 보는 편이 옳을 것이다. 에드워드 8세는 그래도 왕위에서 내려온 후에도 윈저공 작위도 받고, 외교 사절로 이 나라 저 나라 심슨 부인과 함께 다니면서 패션 잡지에도 단골로 실리며 제법 괜찮은 여생을 보냈는데, 8세기 신라에서 신분 낮은 유부녀를 사랑한 대가로 진지왕은 자기 장례를 이미 치렀다 생각하고 납작 엎드려 살아야 했다니, 사랑의 노예가 된 이 최고 왕족이 좀 딱하게도 여겨진다. 남의 여자를 탐하고 불륜을 저지르는 일이 아주 나쁘고 벌 받을 일일 수는 있어도, 실제로든 정치적으로든 죽어야만 할 일도 아니지 않은가. 남자 금륜에게 그 사랑이 대체 무엇이었길래 죽으면서까지 그 사랑을 구해야 했단 말인가. 그렇게 생각하니 사랑도 없이 그저 호색하여 남의 부인을 취하기를 놀이처럼 하고서 남편의 눈까지 뽑아버린 개로왕은 정말 천벌 받을 작자가 아닌가. 이런 악한이 왕의 자리에 있었다니 참으로 통탄할 일이다. 정치에 과연 도덕이란 게 존재했을지 의문이다.

진지왕이 도화랑에게 품었던 연정은 죽어서 귀신이 되어서야 이룰 수 있었던, 왕이 품어서는 안 되는 종류의 반사회적이고 반윤리적인 감정이었다. 그렇다 하더라도 왕들이 여자를 취하려고 한 사건들이 온 역사를 두고 지겹도록 비일비재한데, 유독 진지왕의 이야기만 설화로 내려오는 이유가 무엇이겠는가. 아마도 그가 군주로서의 생명을 끝내면서까지 한 여자에게 사랑을 바쳤기 때문일 것이다. 둘이 어디어디서 같이 산다더라는 소문이 퍼졌을 것이고, 그 이야기를 함부로 이야기하면 왕실에 누를 끼쳤다고 잡혀갈 테니 입이 근질거리는 사람들이 귀신 나오는 설화 속 사랑 이야기로 포장해서 쉬쉬하며 구전시켰지 않았겠나. 과연 진지왕은 성적인 쾌락만을 좇다가 파멸해 버린 의지박약의 몰락 군주인가, 아니면 사랑하는 여자를 얻기 위해 자신의 모든 것을 내던진 사랑 지상주의자(至上主義者)인가.

다시 생각해도 개로왕에게 화가 몹시 난다. 이거 이름만 왕이지 인간

쓰레기 아닌가. 에드워드 8세는 사랑을 선택해서 퇴위한 것을 가끔 후회했다고 하던데, 진지왕은 어땠으려나. 참고로 진지왕의 재위 기간은 3년, 에드워드 8세는 10개월이다. 어쩐지 더 굳어지는 심증.

4. 박에스더와 박유산이 함께 꾼 꿈,
   두 사람이 구한 세상

들어가며 – 초인적 희생은 어떻게 가능했는가

박에스더의 볼티모어 여자의과대학
졸업 사진〈1〉

한국 최초의 여성 의사로서 1900년부터 1910년까지 매년 오천 명이 넘는 환자를 진료한 것으로 알려진 박에스더의 사명감은 일반적인 의료봉사 정신을 훨씬 뛰어넘는 것이었다. 그는 우리나라 최초의 여성전문병원이며 현 이화여대 병원의 전신인 보구여관(保救女館)과 평양의 여성치료소 광혜여원(廣惠女院)에서 당시의 관습을 따라 남자 의사를 기피해 오던 여자 환자들을 거의 다 도맡다시

피 진료하는 한편, 평양여맹학교와 여자성경학원에서 강의를 하면서 간호양성소를 설립하여 후진 양성 또한 도모하였다. 거기다 그는 황해도와 평안도 일대에서 진료봉사활동을 펼치기도 했고, 근대적 위생 관념을 보급하여 사람들의 인식을 바꾸어서 발병 자체를 줄이고자 노력하기도 했다.

　도저히 한 사람이 십 년 동안 다 해냈으리라고 믿어지지 않는 엄청난 활동력의 원천은 무엇이었을까? 박에스더가 짧은 기간 동안 세운 놀라운 업적은 물론 그가 남다른 총명함과 근면함을 지녔기에 가능한 일이었을 것이다. 그러나 그것을 감안하더라도 그가 구한말의 여성들을 구하기 위해 온몸을 바친 그 십 년은 사람의 한계를 뛰어넘는 인고의 시간임에 분명하다. 어떤 사건에 기반을 둔 결연한 의지나 희생정신이 수반되지 않고서야 이런 초인적인 희생이 가능하다고 생각되지 않는다. 어쩐지 그의 인생에는 '나는 봉사해야만 한다, 내 삶은 이제 나의 것이 아니다, 나는 남들을 살리기 위해 배웠고 세상을 구하는 데에 목숨을 던질 것이다'와 같은 비장함이 서려 있다. 왜 그랬을까, 무엇이 이 젊고 총명한 여성으로 하여금 자기 인생에서 스물넷에서 서른넷에 이르는 꽃다운 시간 동안 스스로를 불태워 세상을 밝히는 횃불로 삼게 한 것일까.

　나는 박에스더의 인생을 되짚어보며 그의 남편 박유산이 자신의 모든 것을 불살라서, 심지어 죽음에 이르면서까지 박에스더가 꿈을 이룰 수 있도록 물심양면 뒷바라지했다는 사실을 알게 됐다. 박에스더는 필시 남편이 자신에게 베풀었던 희생과 헌신으로부터 어떤 마음으로 사람을 사랑해야 하는가를 배우게 됐을 것이다. 그래서 그는 남편이 자신을 위해 그랬듯이, 그가 가진 모든 것을 태워 세상을 구하는데 썼을 것이다. 박유산이 그에게 조건 없이 베푼 사랑이 결코 헛되지 않도록, 박에스더는 두 사람의 몫만큼 열심히 더 나은 세상을 만들기 위해 노력했던 것일 게다.

신분과 능력의 차이를 극복한 결혼

1876년에 태어난 박에스더는 당시 선교사의 집에서 아버지가 잡무를 보던 일을 계기로 열 살 때 이화학당에 들어가 영어를 비롯한 신학문을 공부하게 되면서 두각을 나타내게 됐다. 그는 열네 살 때 보구여관에서 로제타 홀의 통역과 의료 보조를 맡게 됐고, 이듬해 세례를 받고 원래 불리던 이름인 김점동에서 김에스더로 불리게 됐다. 그로부터 이년 후인 1893년, 열여섯 살이던 에스더는 로제타 홀의 남편인 윌리엄 제임스 홀의 조수로 일하고 있던 스물네 살 박유산을 소개받아서 결혼을 하게 되고, 남편 성을 따르는 서양 관습을 좇아 그의 이름을 박에스더로 정하게 됐다.

신분에 대한 차별 의식이 남아 있던 시절이었기에, 가난했지만 선비 집안에서 자라난 박에스더와 한미한 집안 출신인 박유산의 결혼을 박에스더의 집안에서 반대하였으나 박에스더가 그의 부모를 설득시켰다.

문헌에는 박유산의 어떤 점을 들어 박에스더가 이 결혼을 강행하였는가 자세한 이야기가 나오질 않는다. 아마도 홀 선교사가 보장할 정도로 박유산이 성실한 청년이란 점, 같은 종교를 가졌기에 같은 신념 아래에서 행복할 수 있는 반려자감이란 점, 그리고 홀 선교사를 위해 일하면서 자연스레 흡수한 선진 문물

결혼 당시 박에스더와 박유산 부부의 모습(2)

의 영향으로 인해 당대의 남자들과 달리 가부장식이지 않고 아내와 함께 성장하고자 하는 남자이기에 보통 여자들에 비해 월등히 공부를 많이한 자신을 가장 잘 이해해 줄 수 있는 남편감이란 점 등을 조곤조곤 들어서 부모의 반대를 꺾지 않았을까 싶다. 거기다가 박에스더가 결혼 당시 만 열여섯으로 당시 풍습으로 볼 때 만혼이었다는 것도, 부모가 더는 결혼을 미룰 수 없게 한 주된 요인이 되지 않았을까 짐작된다.

막 깨어난 사회의 가능성을 딛고 일어선 여성

부모의 반대를 극복하고 이루어진 두 사람의 결합은 여자 쪽 신분이 높고 남자 쪽이 낮다는 점에서, 신사임당과 그보다 집안이 기울고 능력이 부족했던 그의 남편 이원수의 결혼을 연상하게 하는 면이 있다. 크게 다른 점은, 신사임당의 결혼은 부모가 딸의 재능이 결혼에 묻히지

않도록 하기 위해 일부러 딸보다 부족한 남자를 고른 것이라면, 박에스더와 박유산의 결혼은 신분에 대한 사회적 차별, 혹은 은연중에 회자되었을 법한 여자가 지닌 (남자보다) 뛰어난 능력에도 불구하고 두 사람의 의지에 따라 진행되었다는 것이다. 그래서인지 신사임당은 이원수의 무능함과 외도로 가슴 앓는 결혼생활을 해야 했던 반면 (비록 그의 부친의 뜻대로 계속 예술에 전념할 수는 있었다 해도), 박에스더와 박유산은 결혼한 후 죽음으로 인해 헤어질 때까지 신의를 다해 함께 부부로 살았다.

만일 16세기의 경직된 조선 사회에서 예술과 가정이라는 두 가지 양립된 가치를 어렵게 추구하며 살았던 신사임당이 박에스더가 살았던 19세기 격변의 구한말에 결혼을 했더라면 그의 삶이 조금 더 나아질 수 있었을까. 그의 깨인 아버지가 먼저 신문물을 받아들이고 같은 비전을 공유한 사람들의 자제 중 괜찮은 청년을 소개받아 신사임당의 배필로 맞아들였다면, 신사임당도 그의 예술 세계를 이해해 줄 수 있는 남편과 결혼하여 19세기 유럽에서 유행한 서양 화풍을 공부하기 위해 배를 타고 유학길에 오를 수 있지 않았을까.

거꾸로 생각할 때 박에스더가 16세기 조선 시대에 살지 않았던 것이, 구한말 이름 모를 질병으로 시달렸던 우리나라 여성들에게는 정말 커다란 행운이라 할 만하다. 1900년을 전후한 우리나라는, 외간 남자에게 몸을 보여줄 수 없다는 관습적 사고로 말미암아 간단하게 치료받으면 살 수 있는 병인데도 진료 자체를 받지 못해서 죽어가는 여자들이 부지기수였던 시대이니 말이다. 구한말도 그다지 깨어있는 사회는 아니었으나 그나마도 개화가 시작된 때였기에, 십 대 초반에 영어, 수학 등 선진 학문을 공부하는 데 두각을 나타내고 십 대 후반에 미국으로 건너가 어려운 의학 공부를 해낸 그의 총명함이, 한낱 아녀자에 불과한 자가 어디 잡술을 배우려 드는가 따위 식으로 불합리한 마녀사냥의 희생양이 되지 않을 수 있었다. 만일 박에스더가 의학을 공부하지 못했더라면, 우리는 그 시절 아까운 목숨들을 더 많이 잃어야만 했을 것이다. 박에스더의 귀국 소식을 전했던 《신학월보》의 1900년 12월 기사는, '부인이 미국에 가셔서 견문과 학식이 넉넉하심에 우리 대한의 부녀들을 많이 건져내시기를 바라오며 또 대한에 이러한 부인이 처음 있게 됨을 치하하노라'면서 선각자를 기다리는 사회의 간절함과 그를 드디어 맞게 된 것에 대한 기대를 한껏 드러내고 있다.(3)

그 시대에 살았던 허난설헌이 미처 활짝 피어보지도 못한 꽃처럼 제 예술세계를 실컷 펼쳐보지도 못하고 스러져 간 것은 개인의 불행한 운명 탓만은 아니었을 것이다. 그러니까 허난설헌이나 신사임당은 규방에 머물고 박에스더는 미국 유학길에 올랐던 것이 결코 앞의 두 사람이 박에스더보다 도전 정신이 부족해서는 아니었을 것이다. '여풍女風'이란 신조어가 등장할 정도로 여성들의 사회 진출이 활발해진 요즘 세상을 지나간 16세기나 19세기 말과 비교해 보면, 개인이 자아를 실현하는 데 사회의 인식이 깨어 있는 것이 얼마나 중요한 것인가 다시금 깨닫게 된다.

부부가 함께 꿈을 찾아 미국으로 떠나고

결혼하고 난 다음 해, 박에스더와 박유산 부부는 홀 부부가 평양으로 선교를 떠날 때 함께 따라간다. 여기서 윌리엄 제임스 홀이 발진티푸스에 걸려 세상을 떠나버리게 되자, 로제타 홀은 혼자서 뱃속의 아기와 돌이 갓 지난 아들을 데리고 미국으로 돌아가게 된다. 그 이듬해인 1895년 로제타 홀의 주선으로 부부는 미국 유학길에 오르게 된다.

박에스더는 뉴욕 아동병원에서 생활비를 벌면서 리버티 공립학교에서 고교 과정을 공부하였다. 박유산은 자신의 공부를 포기하고 로제타 홀의 친정에서 농장일을 하면서 생계를 꾸렸다. 일 년 후인 1896년, 스무 살이 된 박에스더는 지금은 존스홉킨스 의과대학이 된 볼티모어 여자의과대학에 입학했다. 이후 그들의 생활이 너무 어려운 것을 염려한 로제타 홀이 차라리 귀국할 것을 권유했을 때 박에스더가 편지로 밝힌 각오는 실로 대단한 것이었다.

박에스더-박유산 부부가 로제타 홀과 그의 두 아이와 함께 미국에서 찍은 사진〈4〉

"지금 여기서 포기하면 다른 기회가 오지 않을 것을 알고 있습니다. 저는 최선을 다해 노력할 것이고, 최선을 다한 후에도 도저히 배울 수 없다면 그때 포기하겠습니다. 그 이전에는 결코 포기할

수 없습니다."(5)

그러나 둘이 꾸었던 꿈의 절반은 이국 땅에 묻히고

원래 유학을 떠날 때까지만 해도 박유산도 공부를 할 생각이었으나,
미국에 도착한 이후 부부는 둘 다 학업에 전념하는 것이 현실적으로
불가능하다는 것을 깨닫게 됐다. 이때 21세기를 사는 남자들도 쉽게 하
기 어려운 결단을 박유산이 내리는데, 그는 아내의 재능이 더 뛰어나고
공부를 향한 의지도 더 강하다고 생각하여 자신이 공부를 포기하고 아
내를 외조하기로 한다. 예나 지금이나 보수적인 남자들은 아내의 사회
적 활동이나 진학을 못마땅하게 여기기도 하는데, 오히려 자신을 희생
하면서까지 아내가 꿈을 이루는 것을 도왔던 박유산은 보통은 넘는 아
량을 가진 남자였던 것 같다.

아마도 이것은 박유산이 그의 아내가 가진 능력을 인정하고, 세상을
구하는 의사가 되어야 한다는 아내의 꿈을 부부의 공통된 신념으로 받
아들였기에 가능했을 것이다. 그의 피땀 어린 헌신은 박에스더가 훌륭
한 의사가 되어 사람들을 질병으로부터 구해낼 때 진정으로 보답받게
되리란 걸 그는 잘 알고 있었던 것 같다.

어떤 상황에서고 공부를 포기하지 않았던 박에스더는 1900년 그도
록 간절히 바라던 의사 학위를 취득했다. 그러나 그는 그의 인생에서
가장 바라던 것을 얻은 대신 가장 소중한 것을 내어주어야만 했다. 6년

1868년 9월 21일 한국에서 태어나 1900년 4월 28일 볼티모어에서 사망했다는 문구가 새겨진 박유산의 묘비. 함께 새겨져 있는 마테복음에서 'stranger'는 성경 속에선 나그네로 번역됐지만, 박유산의 삶을 돌이켜볼 때 '나는 이방인이었고 신이 나를 여기 묻었다'로 읽힐 법하다. 그의 무덤은 볼티모어 서쪽 로레인 파크 공동묘지에 있다.⟨6⟩

동안 힘겨운 노동으로 학비와 생활비를 벌면서 그를 외조해 주었던 박유산이 박에스더의 졸업을 삼 주 남겨둔 시점에 그만 급성 폐결핵으로 목숨을 잃어버린 것이다. 언어와 문화의 괴리감을 이겨내고 고국을 향한 향수병을 견뎌내면서 일상의 힘겨운 노동을 감당해냈을 박유산은 그가 그토록 보고 싶어 했던 아내의 졸업을 끝내 보지 못했다. 신은 박에스더의 삶에서 보다 극적인 희생을 이끌어내고자 그의 가장 소중한 사람을 일찍 데려가기로 결정했던 모양이다.

헛되지 않았던 숭고한 헌신

의사가 된 박에스더는 잃어버린 남편을 가슴에 묻을 수 있었을까. 그가 없었더라면 오늘의 내가 없었을 것이다. 내가 무리하게 내 꿈을 좇아왔기에 나는 그 사람을 잃었다. 그는 그가 꿈꾸던 모든 것을 다 내려

놓고 단지 부부의 연을 맺었다는 이유로 나의 꿈을 함께 꾸며 살았다. 나는 과연 어떻게 살아야 이 사람에게 진 빚을 갚을 수 있는 것일까. 나도 그가 나를 위해 그랬듯이 다른 목숨들을 구하기 위해 응당 살신(殺身)하여야만 할 것이다. 귀국을 앞두고 다시는 못 찾아오리라 생각되는 남편의 무덤 앞에 서서 박에스더는 이런 생각들을 했을 것인가. 서럽게 눈물을 흘리며 야속한 운명을 탓하기보다 남편의 희생을 반드시 값지게 만들겠노라 다짐을 했을 것인가.

결국 죽은 이는 돌아오지 못하고 산 사람은 살아야 하는 거라면, 살아남은 자는 가장 의미 있고 맹렬한 삶을 살아야 하지 않겠는가 박에스더는 남은 인생을 미망인으로 울면서 살아가기보다는, 의료인으로서 박유산의 몫까지 더욱 열심히 봉사하며 살아가겠다고 결심했을 것이 틀림없다. 그리하여 제 몸을 돌보지 않고 사람을 구하는 일밖에 생각하지 않았던 박에스더 역시 십 년 후 폐결핵에 걸려 운명을 달리하게 될 때까지, 그는 불가능하다고 생각될 정도로 열렬히 사람들을 구하는 일에 자신의 모든 삶을 걸게 되었을 것이다. 그것이야말로 그들이 함께 꾼 꿈을 위해 자신을 의사로 만들어 준 남편 박유산의 헌신에 보답할 수 있는 최선의 길이었을 테니 말이다.

맺으며 – 세상을 살린 남자의 사랑

박에스더의 각오를 재구성해 보며, 비슷한 시기에 프랑스에서 마리 퀴리가 남편 사후 소르본 대학에서 맨 처음 했다던 강의가 떠올랐다. 개인적 불행에 대해 감상적인 소감을 듣길 원했던 대중들의 기대를 아랑곳하지 않고 마리 퀴리는 피에르 퀴리가 가르치던 내용의 바로 뒷부분부터 아무 일도 없다는 듯이 강의를 진행했다. 그의 연구는 부부가 함께 하던 연구였고, 그랬기에 마리 혼자만 남았더라도 반드시 목표했던 결실을 맺을 때까지 변함 없이 계속되어야만 했다.

박에스더 역시 마찬가지였을 것이다. 의사가 되어 고국으로 돌아와 질병으로 신음하는 민중을 구하리라는 신념은 부부가 함께 꾸던 꿈이었고, 그랬기에 박에스더는 감상에 빠지지 않고 귀국하자마자 병든 사람을 돌보는 현장에 바로 투신하여 두 사람이 해냈을 몫만큼 사람들을 살려내려 했을 것이다. 박유산이 먼저 세상을 떠났다고 해도 부부가 함께 소망했던 민생구제는 박에스더 혼자서라도 반드시 이루어야 하는 공동의 이상이었던 것이다. 단지 피에르 퀴리는 앞에서 부인을 이끌었다면, 박유산은 뒤에서 아내를 밀어준 것만 차이가 있을 뿐이었다.

박에스더는 박유산의 뒷받침에 힘입어 우리 나라 최초의 여성 의사가 되었다. 이는 마리 퀴리가 남편과 함께 노벨상을 수상한 것 그리고 남편의 뒤를 이어 소르본 대학 최초의 여성 교수가 된 것에 비할 만하다. 박에스더는 의술로, 마리 퀴리는 연구로 많은 사람들을 구해냈다. 두 위대한 여성은 남편들의 헌신과 신뢰 덕분에 세상이 기억하는 과학자가 될 수 있었다. 그리하여 세상은 박에스더뿐만 아니라 박유산을, 마리 퀴리뿐만 아니라 피에르 퀴리를 함께 기리게 됐다.

실로 박유산은 진정한 사랑이 어떻게 세상을 살리고 역사를 바꾸어 놓는지를 보여주었다. 그의 몸은 죽어서 이국 땅에 묻혔으되 그의 혼은 그의 아내와 함께 영원히 살아남아 커다란 세상을 함께 구해냈다. 목숨까지 내놓을 정도로 사람을 믿고 사랑하는 것이 때로 이토록 가치 있는 일이 될 수도 있음을 그는 자신의 삶을 통해 직접 우리에게 가르쳐 주었다.

출처

⟨1⟩ ⟨2⟩ ⟨4⟩ 한국 최초의 여의사 박에스더, 주간 기복⟫

⟨3⟩ ⟨5⟩ 한국 최초의 여성의사 박에스더, 네이버 캐스트

⟨6⟩ 박유산을 기억하십니까? 한국 최초 여의사 박에스더의 남편, 미국서 무덤 찾아, 기독교 타임즈

미셀러니 12 추억이 있는 한 당신은 나의 남자

내가 남편과 결혼할 때, 남편의 통장엔 사천 불이, 내 통장엔 이천 불이 있었다. 남편의 돈은 미국 생활 사 년 동안 장학금으로 생활하며 아껴 모은 돈이었고, 내 돈은 한국에서 학원 강의로 모은 돈과 보스턴의 식당에서 홀서빙을 하며 모은 돈이 다 떨어지고 남은 돈이었다. 나는 그 당시 엄마의 도움으로 근근히 살아가고 있었고, 죽자고 노력한 끝에 오는 학기부터 장학금을 받기로 되어 있었다. 우리는 이후 미국 경제가 급격히 나빠지면서 몇 번 위기를 겪기도 하였으나, 때마다 적절히 협상하여 졸업 때까지 계속 장학금을 받으며 공부할 수 있었다.

나는 남편과 결혼할 때 가난에 대해 생각해 본 적이 없었다. 공부를 더 하겠다는 꿈을 이루기 위해 무작정 미국으로 향할 때 내 나이가 많다는 걸 상기한 적이 없었던 것과 같다. 나는 남편이 나와 같은 꿈을 꾸는 게 좋았다. 그가 가슴 속에 불을 안고 사는 게 멋지게 생각됐다. 내가 보기에 그는 언젠가는 이 세상을 다 활활 태울 수 있는 남자였다. 그리고 내가 이 남자의 성공을 도울 수 있는 사람이란 확신도 있었다.

그랬음에도 불구하고 만난 지 십 년 결혼한 지 팔 년이 지나도록, 생활이 힘들 땐 결혼 자체가 후회될 때도 있었다. 다른 사람과 결혼했더라면 어땠을까, 결혼하지 않고 혼자 자유롭게 살았더라면 더 좋았을까, 별생각 다 해보았다. 그래도 시간이 지나고 나면 추억은 항상 나를 제자리로 돌려 놓았다.

눅눅하게 곰팡이가 피어났던 우리의 신혼집. 어두운 동굴 같은 복도를 지나가야 들어갈 수 있었던 그곳은 큰 개를 데리고 사는 괴팍한 관리인이 스트레스까지 덤으로 주는 곳이었다. 새 가구라곤 하나도 없이 덜덜거리던 냉장고에다 스프링이 살짝 삐걱거리던 침대, 불안하게 흔들리는 책상과 책장. 그래도 우리는 매일 아침 일찍 일어나 서로를 위해 중국어와 한국어 수업을 따로 들었고, 수업이 끝나면 함께 연구실로 향해서 하루 종일 거기 있었다. 그러다 저녁이 되면 다시 그 낡은 셋집으로 같이 향했다. 나중에 돈을 모아서 아담한 이층집으로 이사했을 때 물론 뛸듯이 날듯이 기뻤지만, 그 후 가끔 그 예선 집 앞을 지날 때마다 그곳이 지겹게 여겨지기는커녕 그립게 생각되기도 하는 게 퍽 신기했었다.

나중에 학위를 취득하고 한국에서 일을 시작하게 됐을 때, 우리의 카르마가 다시 돌아왔다. 내 직장 근처에 있던 여덟 평짜리 원룸에서 우리는 과거가 없었던 것처럼 다시금 시작했다. 그 공간은 아무리 필수품들이 오밀조밀하게 갖춰져 있다고 해도 우리 둘이 살기엔 턱없이 작았다. 워낙 공간이 작다 보니 살림살이가 쉽게 어질러지고 그러다 보니 스트레스가 쉽게 생겨나서 나빴지만, 어떤 면에서는 신혼을 새로 시작하는 것 같은 재미도 있었다. 아직 아기가 없었던 우리는 답답해질 때면 관광객처럼 차려 입고 북촌으로, 삼청동으로, 인사동으로 다니면서 남편은 사진을 찍고 나는 글을 쓰며 마음을 달래곤 했다. 나중에 아기가 생길 즈음엔 돈을 모아서 더 넓은 집으로 이사를 갔는데, 가끔 그 작은 원룸 근처를 지날 때마다 우리는 성지순례라도 하듯이, "바로 저기였어!" 하고 손가락으로 그곳을 가리키면서 깔깔거리곤 했다.

지금 우리는 그때와 비교도 안 되게 좋은 집에 살고 있고 많은 것을 갖게 됐지만 꼭 그만큼 더 행복해진 건 아니다. 우리는 어른이 져야 할 책임을 나눠지기 위해 부단히 노력하고 있으나 그 과정은 결코 쉽지 않다. 게다가 남편이 중국에서 일하게 되면서 떨어져 사는 시간마저 많아져서 더더욱 '같이 하는 독립'은 어려워져만 간다. 아기까지 생겼으니 더 똑바로 꼿꼿이 서야 할 텐데, 우리 안에 살고 있는 아이 같은 마음은 자주 우리를 주춤거리게 만든다. 우리는 과연 서로에게 좋은 배우자가 되어 주고 있을까. 우리는 과연 우리의 자녀에게 좋은 부모가 되어 주고 있는 것일까.

우연히 마주친 지하철 안전문의 시 한 편이 옛 기억들을 불러일으켰다. '홀로였던 내가/홀로였던 그대/쓸쓸했던 신발을 벗기어/발을 씻어주고…/그 발아래 낮아져/아무것도 원치 않는/가난한 사람이고 싶습니다…(최연식의 '가난한 청혼' 중에서)'. 어쩌면 이렇게 시인은 자신의 사랑을 담백하게 표현할 줄 알았는가. 가난이 아름다울 수도 있다는 것을 일러주었는가. 시 속에 담긴 진심이 내 맘을 열었다. 시란 참 멋진 것이다. 이렇게 짧은 글귀로 긴 얘기를 불러올 수 있으니 말이다.

지난 주에 여덟 번째 결혼기념일이 지나버렸단 사실을 잊고 있었다. 그 전날 어쩌다 생각이 나서 남편은 기억할 수 있을까 궁금해했는데, 이내 유카이를 뮤지컬에 데리고 가는 거에 집중하느라고 통째로 잊어

버리고 말았다. 남편은 그 날 광서 지방의 산에 있었던가 베이징에서 회의에 참석 중이었던가 잘 기억도 나지 않는다. 뭐 괜찮다. 메이콴시. '추억이 있는 한 당신은 나의 남자이니까'. 십 년 전 그때처럼, 다시 한국에 돌아왔던 그때처럼, 행복하게 가난한 시간을 함께 꾸려나가고 있는 내 동반자이니까.

착한 불륜,
해선 안 될 사랑은 없다

4장

모성과 자아의
이해를 통한 성장,
보다 보편적인 사랑

1. 어머니의 연인에서 한 사람의 남자로, 로렌스와 그의 어머니

들어가며

로렌스(1885~1903)의 모습

　어머니와 아들 간의 사랑보다 더 짙고 강한 사랑이 존재할 수 있을까. 여태까지 다양한 색깔의 사랑에 대해 말해 왔지만, 모자간의 사랑이야말로 가장 검붉은 핏빛 사랑이라 할 수 있을 것이다. 아들이 태어날 때부터 어느 한쪽이 죽을 때까지 떨어지려 해도 떨어질 수 없는 이 사랑은 자세히 들여다보면 다소 광적이기까지 하다. 우리에게 잘 알려진 영화 〈올가미〉를 위시하여 고부간의 갈등을 그린 다양한 예술 작품들을 보면, 이 지독한 사랑은 아들이 성인이 될 때까지 이십여 년도 넘게 지속된 후에, 갑자기 끼어든 여자(며느리 혹은 아들의 여자)와 한 남자의 일생을 두고 조건 없는 사랑을 바쳐온 여자(어머니) 사이에 벌어진 소리 없는 쟁탈전에서 그 정점을 찍는 경우가 많다.

그런 의미에서 데이비드 허버트 로렌스가 쓴 자전적 소설《아들과 연인》은 엄밀히 말하자면 '아들의 연인'이라 이름 짓는 편이 훨씬 적절할 것이다. 이 소설은 다름 아니라 아들의 평생 연인이 되고자 했던 어머니가 아들이 나중에 만난 새로운 연인들과 벌이는 일종의 전쟁에 관한 이야기이니 말이다.

오이디푸스 콤플렉스

어렸을 때 추방당했던 오이디푸스가 늙은 아버지를 외나무다리에서 만나 살해하고 아버지의 왕국과 어머니를 차지한다는 그리스 신화는 남자들이 소년 때부터 품어 온 본능적 욕망을 이야기로 표현한 것일 수도 있다. 죽을 위기를 넘기고 오랫동안 쫓겨나 있었기 때문에 부모의 얼굴을 몰랐다는 장치를 이용해 비난을 피했고, 고통에 못 이겨 두 눈을 쇠꼬챙이로 찌르고 장님이 되어 떠돌아다니다 비참하게 죽는다는 결말을 통해 죄의식을 덜었다. 하지만 이야기를 관통하고 있는 비극의 핵심은 그가 어머니와 결혼하여 2남 2녀를 낳고 살아갔다는 것이다. 그것은

소포클레스가 지은 테베 비극 3부작 중 〈콜로누스의 오이디푸스〉

후에 그 사실이 밝혀졌을 때 어머니(아내이기도 했던)가 목숨을 끊어버릴 정도로 끔찍한 불행이었다.

이 엄청난 일련의 비극 속에서 오이디푸스가 노력으로 바꿀 수 있는 것은 아무것도 없었다. 그는 태어나면서부터 아버지를 죽이기로 되어 있었고, 어머니와 혼인하기로 되어 있었던 것이다. 불행한 운명을 타고나서 신탁에 의해 인생이 좌지우지됐던 오이디푸스 이야기는 어머니와 아들 간의 사랑이 태생적인 것이며, 둘의 관계가 지나치게 가까워질 때에는 비극으로 치닫게 된다는 사실을 상징적으로 표현한 것일 수도 있다는 생각을 했다.

아들의 첫 번째 연인, 어머니

대부분의 사랑은 지겨울 때가 오면 이별을 선택할 수가 있다. 그러나 어머니와 아들 간의 사랑은 사실은 가족애이며 그래서 이별이란 선택지가 존재하질 않는다. 혹 어떤 이유로 인해 의절하고 산다 하더라도, 의절했다는 사실이 인생의 비극적 요소로 모자의 가슴 한구석에 자리 잡을 것이며, 그렇기에 그것은 진짜 이별이 아니다. 가족애는 천륜이며, 그래서 언뜻 보기엔 위험해 보이지도 않는다.

그러나 어머니와 아들이 서로만을 바라볼 때 이 사랑은 여느 집착 어린 관계 못지않게 위험해진다. 어머니와 아버지의 사이가 좋지 않거나, 아니면 아예 아버지가 없을 때 어머니는 보통 아들에게 자기가 가진 애정을 모두 쏟는다. 어쩌면 아들은 어머니가 사랑했던 남자, 아버지의 어린 시절의 모습과도 같다. 그것은 어머니가 아버지를 만나기 이전의 모습이며, 어머니가 가지지 못했던 아버지의 일부분이다. 아버지의 남성적 매력이 사라지기 전 모습을 지닌 아들을 어머니가 사랑하는 것은 숙명이며, 그렇기에 딸을 사랑하는 것과 다른 모습일 수밖에 없다.

그런가 하면 아들에게 어머니는 태어나서 처음 만나는 여성이다. 항상 곁에 있고 무조건적인 사랑을 주는 존재이다. 어머니는 아들에게서 채우지 못한 애정의 허기를 채우고, 아들은 어머니에게서 영원히 마르지 않는 애정의 샘물을 마신다. 아들은 어머니의 희생적 사랑을 먹고 자라고, 어머니는 그 사랑을 무기 삼아 아들 역시 자신을 같은 무게로 사랑해 주기를 기대한다. 그래서 결국 어머니의 사랑이 더 깊어져 집착에 가까워질수록 아들은 어머니를 실망시키지 않기 위해 어머니의 방식대로 사고하고 어머니가 원하는 삶을 살아가기 위해 노력하게 된다.

이것은 그야말로 위험한 사랑의 흔해 빠진 시나리오와도 같아서, 사랑이란 이름 아래 한쪽이 다른 쪽을 끊임없이 구속하고, 다른 쪽은 그 엄숙한 구속으로부터 쉽게 벗어나지 못하게 되는 것이다. 그리하여 어머니의 어린 아들이자 영원한 연인으로 살아야 하는 남자들은 대부분 무력해지게 마련인데, 주위에서 가끔 만나는 마마보이들을 떠올려 보면, 지나친 사랑이 얼마나 큰 폐해가 되어 남자들을 미성숙하게 만들었는가 새삼 놀라게 된다.

용감한 로렌스의 자기 고백

로렌스가 쓴 《아들과 연인》은 어머니 사후에 완성한 자기 고백이다. 로렌스의 실제 인생과 소설 속 폴의 삶은 거의 모두 일치한다. 특히 술을 좋아하고 무기력한 아버지와 그런 남편에게 실망한 채 아들에게 과도한 기대를 걸고 살아가는 교양 있는 어머니, 그리고 그런 어머니에게 휘둘리다시피 하면서 자신의 연인들과 갈등을 겪는 아들의 모습은 실제 삶과 소설 속에서 똑같다. 폴의 어머니는 아들이 미리엄을 만나는 것을 적극적으로 방해한다. 어머니는 미리엄에 대해 지나치게 부정적이다. 어머니가 싫어한 것이 미리엄이란 사람 자체가 아니라 아들의 다른 여자인 미리엄이다. 소설 속에 묘사된 모자의 관계는 기묘하게 보일 정도로 어머니의 반목과 질투는 도를 넘는다. 폴은 미리엄과 헤어진 후

딘 스톡웰과 헤더 시어스가 출연한 영화 〈아들과 연인〉(19
60)의 장면 〈1〉

유부녀와 사귀는 등 잘못된 연애를 계속하며 방황한다. 그러다 스물다
섯 살이 되었을 때, 어머니가 사망하고 나서 극심한 공황을 겪은 후에
야 비로소 한 남자로서 성장을 맞이하게 된다.

로렌스는 이 소설을 들어 자신의 '청년기의 종말'이라고 일컬었다. 소
년은 어머니가 죽은 후에야 자신의 삶을 스스로 선택할 수 있게 된 것
이었다. 오이디푸스가 부친이 사망한 후에는 부친의 것을 쟁취하였으나,
모친이 사망한 후에는 모든 진실을 깨닫고 절망에 빠져 사막을 방황하
게 되는 것에 비할 법하다. 이것은 반드시 어머니의 물리적 사망만을
뜻하진 않는다. 소년은 정신적으로도 어머니의 지배에서 벗어나야지만
어른이 될 수 있다. 그제서야 자신의 여자를 만나서 사랑을 하고, 또 헤
어지고 만나는 과정을 통해 성장하게 되는 것이다.

로렌스의 소설이 작품으로 가치를 지니는 것은 여러 가지 이유가 있
겠지만, 작가가 미성숙했던 과거를 고백하고 은밀한 개인생활을 드러냈

다는 점, 그리고 그 작업을 통해 용감하게 자기 치유를 행했다는 점을 높이 살 만하다고 본다. 벗어나고 싶었던 집착, 병적인 감정, 우유부단했던 자기 모습을 이 소설 속에 녹여내고 원고를 닫으며 그는 어두운 과거도 함께 묻어버렸을 것이다. 이제는 무조건 자신을 사랑해 줄 어머니가 없지만, 사랑이 완전해야만 할 필요가 없다는 것, 불완전한 사랑을 그냥 그대로 하는 것이 사랑의 참모습이란 역설을 이해하게 됐을 것이다.

맺으며

결혼 7년 만에 그토록 기다리던 아이를 얻고 나서 자연스레 《아들과 연인》을 생각했다. 엄마만 보면 벙긋벙긋 웃고 엄마 품속만 파고드는 이 젖먹이가 후에 성장하여 소년이 되고 청년이 될 날들을 그려봄에 내가 집착하지 않는 엄마가 되지 않으리란 보장이 그 어디에도 없는 것이었다. 아들은 다섯 살이 되면 나와 함께 목욕탕에 갈 수 없을 것이고, 유치원에 들어가고 초등학교에 들어가면 제 여자 짝꿍을 좋아하게 될 것이고, 사춘기를 맞으면 나와 거리를 두려 할지도 모른다. 그 시간이 오면 얼마나 마음이 허전할까. 그러나 아들이 성장할수록 나는 그의 마음속에서 자연스럽게 사라져 줘야 하는 것이다. 그래야 아들이 스스로 어른으로 성장하는 길을 찾을 수 있기에. 그것이 아들을 사랑하는 어머니로서 올바른 방식이라고 믿기에.

보상 심리를 발동하지 않기 위해 남편과 잘 지내고, 아들이 만 열여덟 살이 되면 세상으로 등 떠밀어 보내야겠다고 속으로 다짐하면서, 그때까지 아들의 가장 가까운 친구로 살아야겠다는 생각을 한다. 아들의 연인이 아닌 평생의 벗으로서 말이다.

출처

〈1〉 The Guardian, June's Reading Group http://www.theguardian.com/books/
booksblog/2013/jun/05/june-reading-group-sons-and-lovers

미셀러니 13 내가 만난 로렌스

　내가 이십대 후반에 만났던 그는 두 형제 중 차남이었다. 그는 분가하여 살면서 어머니에게 매일 저녁 안부 전화를 하고 주말마다 본가를 찾아가는 착한 아들이었다. 그는 종종 내게 자기 어머니가 얼마나 교양 있고 유식한 여자인가를 말했고, 배고픈 예술가였던 자기 아버지의 현실 감각 없는 행동으로 인해 자기 집안에 그림자가 드리워지기도 했다는 가족사를 말해 주기도 했었다.

　나는 그가 보여준 가족 사진에서 그의 어머니가 그와 아버지 중간에 서서 아버지 팔은 뿌리친 채 그의 팔짱을 끼고 찍은 사진을 보았다. 반면 아버지는 어머니 쪽으로 기대어 서 있었고, 형은 아예 뒤편으로 밀려나 있었다. 형은 아버지를 닮았고, 둘째인 그는 어머니를 닮은 인상이었다. 그의 팔짱을 끼고 선 그의 어머니는 환하게 웃고 있었다. 그냥 봐도 이 아들을 무척 사랑한다는 것을 알 수 있는 그런 사진이었다. 내가 관찰한 것을 나중에 그에게 얘기해 주자 그는 제법 놀라는 눈치였다.

　평범해 보였던 그가 로렌스였다는 것은 우연한 기회에 알게 됐다. 그는 나를 만나기 전에 어머니의 반대로 만나던 여자들과 몇 번 헤어진 적이 있다고 했다. 반대한 이유도 꽤 자세하고 다양했는데, 직업이 없었든지, 이름 없는 학교에 다녔든지 하는 식으로 아들이 쉽게 반박하기 어려운, 거기다 매우 세속적인 이유였던 모양이다. 그의 어머니야말로 좋은 대학 출신에다 키도 크고 인물이 좋은 멋진 여성인지라 그녀보다 더 나은 여자들을 만나기도 쉽지 않았을 터인데, 그의 어머니는 스스로를 기준으로 삼아 그가 데려오는 여자들을 흠잡았던 것이다.

그가 말하길 실은 대체 뭐가 흠이 되는지 마음으로 와닿지도 않았다 했다. 그런데도 어머니가 계속해서 만나지 말라고 간섭하고 채근하니 종국에는 다 귀찮아지면서 정말 그런가 하는 생각도 들고 이래저래 결국 여자 친구들과 헤어지게 되었다고 했다. 그의 어머니는 아들을 반쯤 연애 불능 상태로 만들어놓은 셈이었지만, 그 어머니도, 당사자인 아들도 그 사실을 모르고 있는 듯했다. 대체 그 어머니는 왜 아들이 만나는 여자의 심성 같은 건 안중에도 없었던 걸까 하긴 심성은 콕 집어서 반대하기가 어렵긴 하니까.

나의 로렌스는 이 시점에서 소심한 반항을 했다. 나와 아직 만난 지 얼마 되지 않았는데도, 그간의 짜증을 엄마에게 다 돌려주기라도 하겠다는 듯이, 나 연애한다 이렇게 집에 가서 큰 소릴 쳤던 것이다. 공교롭게도 나는 내가 가진 많은 단점에도 불구하고, 그의 어머니가 여태까지 내걸었던 세속적 조건은 용케 다 통과가 되는 여자였다. 만일 예술에 심취한 여자는 어딘가 불안정해서 안 된다라거나, 목에 점이 있는 여자는 바람기가 많아서 못 쓴다, 아니면 장녀는 여자가 드세서 안 된다 이런 식의 반대를 받았더라면 꼼짝 없이 백기를 들었어야 했을 텐데, 그의 어머니가 내건 조건이 그리 자세한 편은 못 됐던 모양이다.

역시나 그의 어머니는 이전의 여자 친구들에게 들이댔던 조건 리스트를 어김없이 들고 나왔고, 그러자 나를 좋아한다는 사실보다 엄마를 이기는 게 더 중요한 목적이 돼 버린 철딱서니 없는 아들은, 더욱 의기 양양해져서 어디 더 반대해보시지 하며 크게 소리내어 웃었던 모양이다. 그의 어머니는 몹시 우울한 표정을 짓더니 "그래도 아직 만난 지 얼마 안 됐는데 잘 생각해 보고 사귀지 그래."란 말을 힘없이 남기고는 방으로 들어가 버렸다고 했다.

그는 주말에 집에서 벌인 무용담을 신 나게 얘기하다 말고 갑자기 목소리를 줄이더니, "근데 이번 목요일에 집에 가 봐야 할 거 같아." 하고 말했다. 그 얘기에 내가 주말이 아닌데 왜 일찍 본가에 가느냐고 묻자, 그는 "엄마가 많이 아프셔. 너무 아프니까 좀 빨리 와 달래." 하고 침울하게 대답했다. 그 다음 주 그를 만나보니 그의 어머니는 전투에서 부상당한 병사처럼 흰 수건으로 머리를 두르고서 자리에서 일어날 줄을 모른다고 했다. 병원에 가보자고 해도 뚜렷한 병세가 없으니 갈 수는 없다고 하면서도 온 전신이 쑤시고 결려서 도저히 운신을 할 수가 없다는 것이었다. 아들을 뺏기지 않으려는 어머니의 필사 항전이 시작됐다는 것을 나는 알 수 있었다.

그래서 나는 로렌스에게, 나와 헤어졌다 말하라고 시켰다. "에이 설마, 정말 그것 때문일라고?" 하며 그는 반신반의했으나, 사람부터 살리고 보라는 내 충고를 받아들이기로 했다. 정말로 아들의 사랑을 지키기 위한, 믿기지 않는 집착 때문에 아픈 것이라면 어머니는 쾌차하실 것이고, 그것 때문이 아니어서 어머니가 계속 아프다고 해도 우리는 어머니를 낫게 하려는 시도를 해본 것이니 잃을 것이 없다고 설득했다. 거짓말을 하는 것이 죄스럽긴 하지만, 아픈 어머니를 살려 보려고 하는 하얀 거짓말이니 이것도 용서받을 수 있을 것이라고 덧붙였다.

그 주 토요일 그는 고개를 갸웃거리며, "그래도 우리 엄마가 그렇게 유치한 행동을 했을 리가 없어, 설마 그렇게까지 집착하고 있을라구." 하고 중얼거리면서 집으로 향했고, 나는 내 생각이 정말로 맞을지, 정말이라면 별 생각 없이 어머니의 사랑만 먹고 자라온 나의 로렌스가 얼마나 충격을 입게 될지, 여러 가지를 생각하며 조마조마한 마음으로 그를 기다렸다.

그 다음 월요일 아침 로렌스를 만났을 때, 그는 멍한 모습으로 어딘가를 응시하고 있었다. 어떻게 됐느냐고 나는 자리에 앉자마자 그에게 물어봤다.

"그, 그게 말야. 너랑 헤어지기로 했다는 말을 하자마자, 그날 저녁에 자리에서 벌떡 일어나더라고. 물론 그 흰색 수건도 머리에서 떼어내고 말야. 얘기도 잘하고, 심지어 소리 내서 웃기도 하고, 밥도 잘 먹고. 사람이 180도 바뀌어 버리는 거야. 그러면서 날더러 잘 생각했다고, 아직 그렇게 연애가 급할 때는 아니니까 천천히 하라고 그러는 거야. 내 나이가 서른인데 뭘 더 천천히 하라는 거야! 정말로 그럴 줄은 몰랐어. 세상에, 어떻게 우리 엄마가, 얼마나 교양이 넘치는 사람인데, 다른 사람도 아니고 우리 엄마가 그럴 수 있니?"

그는 갑자기 모든 것이 홀가분해졌다고 했다. 이제라도 어머니가 자기에게 주었던 애정이 너무 지나쳤다는 것을 알게 됐으니 서서히 어머니로부터 감정적으로 독립할 것이라고 얘기했다. 다른 한편으론 자기가 알고 있던 엄마와 완전히 다른 인격의 여자를 만난 기분이 들어서 조금 무섭기도 하고 슬프기도 하다고 했다.

나로선 그의 어머니와 보이지 않는 줄다리기를 팽팽하게 하다가 내가 먼저 줄을 확 놔버린 기분이 들었다. 이제 이 남자를 두고 그의 어머니와 날카로운 경쟁을 계속할 필요가 없다니 너무 다행스러웠다. 쓸데 없는 감정 소모를 좋아할 사람은 아무도 없다. 그게 심지어 누군가를 사랑하는 과정에서 벌어지는 감정 소모라면 더더욱 반갑지 않다. 무엇보다도 나는 그가 진짜 남자로서 성장해 나가는 과정을 내가 함께하고 있다는 사실이 기뻤다.

이 사건이 계기가 되어 우리는 무척 가까워졌다. 인간의 깊숙한 본성을 함께 경험한 덕분에 우리는 서로를 크게 신뢰하게 됐고, 남녀 사이를 넘어서 서로의 깊은 속을 알아주는 소울메이트로서 꽤 긴 시간을 만났고 사랑을 했다. 어느 날 내가 그에게 데이비드 허버트 로렌스가 쓴 《아들과 연인》을 읽어보라고, 바로 자신의 이야기가 거기 펼쳐질 거라고 말해 줬다. 그러자 그가 이렇게 대꾸를 했다.

"뭐라고? 나같이 한심한 놈이 그 옛날 영국에도 또 있었어?"

2. 16세기의 신사임당, 21세기를 살다

들어가며

　신사임당이 우리나라 최초의 여성 화폐 인물로 거론될 때, 그를 반대한 여성들이 여럿이었다는 데에 나는 적잖이 놀랐다. 그들 대부분이 진보여성단체에서 일하고 있다는데, 그들의 주장을 따르자면 신사임당은 조선 시대 현모양처의 대명사로 남성 이데올로기가 지배하는 사회에 의해 부풀려진 인물이므로 현대 여성들의 진취성을 드러내는 데 적절하지 않다는 것이었다.

　그러나 그들이야말로 신사임당의 대외적 모습만 보고 단선적으로 그를 판단한 것이라

신사임당(1504~1551)의 모습

고 생각한다. 조금만 깊이 신사임당의 인생을 되짚어 나가면, 그가 얼마나 자신의 인생을 두고 조용한 내적 투쟁을 벌여 나갔는지, 그리고 공허할 수 있는 자신의 삶을 열정적으로 예술에 투과해 나갔는지 알수 있을 것이다. 게다가 친정의 도움을 받아 자신의 영역을 개척하는 모습이나, 자신보다 부족한 남편을 맞아 축첩에 가슴앓이하며 사는 모습 등은 오늘날 여성들의 삶과 크게 다르지 않다.

부친의 전폭적인 지지

신사임당은 아들이 없는 집안에서 자라났기에 부모에게서 더 큰 관심을 받을 수 있었다. 만일 여느 집안처럼 다섯 딸 끝에 어린 막내아들이 태어났더라면 둘째 딸이었던 신사임당의 인생은 조금 바뀌었을지도 모르겠다. 그러나 딸도 아들처럼 교육시키겠다는 부모와 외할아버지 아래에서 아들 없이 자라난 덕분에 신사임당은 그의 재주를 맘껏 늘리고 펼칠 수 있었다.

그리고 부모님부터가 서울과 강릉으로 떨어져 살면서 자녀와 부인이 처가가 있는 강릉에 살았던 특별한 가정환경 역시 그의 삶에 영향을 미쳤다. 그의 부친은 신사임당이 친정과 계속 가깝게 살 수 있도록 일부러 한미한 양반 가문의 남자를 사위로 선택한다. 보통 부모라면 어떻게든 더 좋은 집안의 남자와 선을 대려고 애썼을 텐데, 그의 부친은 깨어 있는 아버지요 앞서 가는 남성이었기에 딸의 재주를 존경해주고 외조해 줄 수 있는 사위를 택했던 것이다. 적어도 신사임당은 부친의 배려 덕분에 재능을 죽이는 무덤 같은 결혼은 하지 않아도 됐던 것이다.

베이비부머의 자녀─에코 세대에도 아들의 성공을 위해 딸의 교육을 포기하는 부모들이 주변에 종종 있었다. 심지어 딸이 더 영리한 데도 아들만 돌아보는 경우들도 많았다. 그 시절을 거치며 현재에 이르기까지 딸들의 행운이라면, 자녀를 적게 낳는 분위기가 생겨나며 이젠 별로 아들이건 딸이건 자녀의 성별에 신경 쓰지 않는 풍토가 조성됐다는 것이다. 이제 부모들은 딸의 교육에 투자하고 딸의 성공을 위해 손주를 비 주면서 직장생활을 응원한다 불과 30년 내에 바뀌기 시작한 분위기다. 만일 16세기에 이런 사회 상황이 보편화됐더라면 우리는 분명 더 많은 신사임당을 만날 수 있었을 텐데 말이다.

이이(1536~1584)의 모습

그러니 이율곡 학파가 신사임당을 아들 잘기른 현모양처로 지나치게 부각시켰다고 주장한 일부 진보 여성들의 주장이야말로 좀 치우친 감이 있다. 도리어 사임당은 대학자 이이를 아들로 두었고 그 아들이 어머니를 추앙함으로써 후세에 길이 이름이 남은 것뿐이다. 이는 허난설헌이 남편의 난봉과 고부간의 갈등으로 지나치게 불행했으나 누이를 흠모했던 허균에 의해 이름이 알려진 것에 견

줄 법하다. 남성 이데올로기가 지배했던 사회에서 유능한 여성의 이름이 남는 것은 오로지 남자들에 의해서만 가능했다. 이이와 허균이 아니었더라면 오늘날 우리는 사임당과 난설헌을 만나지 못한 채, 신씨 부인과 허씨 부인이 있었다는 것 정도만 겨우 알 수 있었을 것이다.

부족한 남편과의 불화

아, 그러나 재능 있는 가인이 결혼이라는 평범한 길을 가고자 할 때, 그의 길을 담담하게 함께 걸어가 줄 반려를 만나는 것은 16세기에도, 21세기에도 참으로 어려운 일이다. 신사임당의 남편 이원수는 부인의 재주를 높이 사고 부인과 그 집안을 존중하였지만, 야심도 능력도 부족한 남자였다. 그는 유능한 부인과 함께 사는 것이 힘들었는지, 무슨 16세기 판 〈사랑과 전쟁〉도 아닌 것이, 겨우 음서(蔭敍)로 관직에 진출한 주제에 돈벌이를 시작하자마자 주막집 권씨—요즘 식으로 말하자면 룸살롱 권마담 정도와 딴 살림을 차리고 만다. 이원수는 호기 좋게도 첩을 들이겠다고 말을 꺼내기도 했는데 이 말에 공자, 증자, 주자를 차례로 들면서 축첩이 불가하다고 신사임당이 말하자 그는 다른 대꾸를 하지 못했다. 그러나 그는 보란 듯이 부인이 심장마비로 마흔일곱이라는 젊은 나이에 죽고 나서 얼마 지나지 않아 권씨를 본가로 데리고 들어온다.

이원수의 행태를 보아 짐작하건대 신사임당의 결혼생활이 평화로웠다고 결코 말할 수 없을 것이다. 많지 않은 나이에 심장병으로 생을 마감한 것 역시 그의 마음고생과 연관이 있지 않았을까 추측해봄 직하다. 아무튼 사임당이 꿋꿋하게 가정의 안주인 자리를 지켰기에, 그리고 흔들리지 않고 자녀들의 교육에 열성을 다했기에, 현모양처의 표상으로 남은 것이다. 가정에서 얻은 마음고생을 떨쳐가며 그의 예술을 꾸준히 발전시켰기에 훌륭한 예술가로 존경받는 것이다. 이것은 21세기의 여자들이라고 해도 크게 다르지 않다. 가정이 불행한 상황에 놓이게 됐을 때, 자신의 예술 영역을 수호하기 위해 과감히 자리를 박차고선 가정을 버려야만 훌륭한 예술가가 될 수 있는 건 결코 아닐 것이다.

현실에 최선을 다한 여류예술가

그렇기에 나는 사임당이 구식 현모양처라기보다는 자신의 시대에서 최선을 다해 뜻을 펴고 살았던 여류예술가라고 생각한다. 그 시절에 가정을 이루지 않고 살아가는 여류 예술인들은 기녀밖에 없었다. 사대부 집안의 여자로서 가정을 보살피는 것은 선택의 여지가 없는 덕목이었다. 그러나 남자가 여자보다 나아야 한다는 유교적 이데올로기가 지배하는 세상에서 그릇이 큰 여자가 가정을 이루고 산다는 것은 얼마나 힘든 일인가. 이런 것은 차라리 온 남자들을 섭렵하며 살았던 황진이 쪽이 훨씬 맘이 편했을 것이다. 가끔 내 맘 온전히 줄 내 님이 없어 허전하고 외로웠을지는 몰라도 자신의 재주를 맘껏 펴고 사는 것은 확실

신사임당의 유명한 작품 〈초충도〉(좌)와 〈포도도〉(우)

히 기녀 쪽이 유리했을 게 분명하다.

다행히 오늘날 재능이 반짝이는 여성들은 더 다양한 선택을 할 수 있게 됐다. 결혼을 해도 좋고 안 해도 좋고, 자기보다 조금 더 부족하거나 어린 남자를 만나는 것도 어렵지 않게 볼 수 있다. 더 많은 사람들로부터 사회적 이해를 받으면서 여자라는 점을 한계로 인식하지 않고 장점으로 살려가며 일할 수 있게 됐다(물론 유리천장 등이 존재하긴 하지만 16세기와 비교할 때에 현저히 상황이 나아졌다는 말이다.).

맺으며

가정과 예술을 동반하며 자식도 훌륭하게 길러내는 신사임당이 될 것인가, 결혼 이데올로기에 속박되지 않고 자유롭게 예술혼을 불사르는 황진이가 될 것인가는 이제 오늘날을 살아가는 우리 여성들의 선택이 됐다. 바라건대 재주 있는 여성임에도 가정에 문제가 있어서 불행하게 살고 있다면, 속만 앓다가 아까운 재능도 다 못 펴본 허난설헌처럼 요절하지 말고, 잘못 세워진 무덤 같은 가정일랑 박차고 나와서 자신의 재주를 용감하게 펼치며 살았으면 한다.

개인의 선택에 따라 신사임당형의 예술가가 되고자 할 때, 어머니를 흠모하고 한결같은 애정으로 생각해 주는 아들을 얻는 것은 고단한 인생에 주어진 보너스 같은 것이다. 그리고 그 아들과 함께 현대의 화폐모델로 동반 선정되는 것은 외로운 삶은 견디고, 자녀들에게 신의를 다하면서도 고집스럽게 자신의 예술정신 또한 놓지 않았던 그 시대의 진보 여성에게 헌정된 후대의 포상과도 같은 것이다.

우리나라 오만원권 화폐에 새겨진 신사임당의 초상

미셀러니 14 유카이의 이름, 황련목(黃連木)

우리 유카이의 이름 중 카이(楷)는 남의 본보기가 되다, 바르다, 모범이 되다란 뜻이다. 내가 유카이 이름의 범주를 정하고 유카이의 아빠가 한자 이름을 정했는데 이 글자를 처음 보았을 때 마음에 쏙 들었다. 과연 중국 사람이라 고르는 한자가 다르다 싶었다. 산림과 나무를 평생 공부해 온 엄마아빠에게서 난 아기에게 주어질 이름으로 이보다 더 멋진 글자가 있을까 싶었다.

나는 카이란 발음도 무척 마음에 들었다. 한국 사람이 쉽게 발음할 수 있으면서도 이국적인 이름이므로, 유카이의 정체성을 잘 설명해 줄 수 있다고 생각했다. 유카이는 한국 사람이면서도 또 다른 문화에 대한 이해를 일찍부터 가지고 출발하는 아기이니 말이다. 게다가 카이(Kai)는 다양한 문화권에서 여러 가지 근사한 뜻으로 통용되고 있다.

이를 테면, 하와이 토속어로는 '바다'란 뜻이다. 파키스탄에서 쓰이는 우두어로는 '우주'란 뜻이고, 마오리 족에겐 '음식'이란 뜻이다. 바다같이 넓고, 우주같이 깊고, 평생 음식이 끊이지 않는다면 그보다 더 훌륭한 삶이 어디 있을까. 마음에 쏘옥 들었다. 위키피디아가 소개하고 있는 중국 이름은 Kai(凱)인데 승전가, 개선가란 뜻이다. 성조마저 우리 유카이의 카이와 3성으로 같아서 이 이름에 완전히 마음을 다 내어주게 되었다. 그냥 승리래도 좋을 터인데 승리를 노래하다니 미학적으로도 더 좋다. 위키에 소개되어 있는 카이란 인물들을 살펴보니 실제로 카이를

이름으로 가진 사람들은 독어권에 많다는 것을 알 수 있었다. ⟨1⟩

그런데 이런저런 좋은 뜻을 다 접어두고 단적으로 말하자면, 카이는 나무이다. 카이는 황련목(黃連木)으로 옻나무과(Anacardiaceae)에 속하는 낙엽교목의 하나이다. 학명은 'Pistacia chinensis Bunge'로 피스타치아(혹은 피스타키아)속에 해당한다. 황련목은 키가 크고 목질이 단단하며 곧게 자라는 관상용 교목으로 화려한 단풍이 특징이며 주황색 열매를 맺는다. 중국 원산으로 최근에는 바이오디젤의 원료로도 쓰이는, 잘생기고 쓰임새 많은 나무이다.

황련목은 공사목이라고도 불리는데, 공자가 사랑했던 제자 자로가 스승이 돌아가신 후 무덤가에 황련목을 심었기 때문이다. 취푸에 있는 공자의 무덤에 가면 자공이 손수 황련목을 심었음을 기념한 '子貢手植楷' 비석을 볼 수 있다. 이 비석에는 음력 8월 27일 공자탄신일 전후에 이슬이 맺힌다고 해서 함루비(含淚碑)라고도 부른다. 이른바 자공의 눈물이라고. 자공은 "공자의 사후 6년간이나 시묘살이를 했고 '공자의 사상이 곧게 자라는 이 나무와 같다"고 해서 이 황련목을 심었다. 원래 나무는 벼락을 맞아 타버렸고, 강희제가 다시 황련목(楷樹)을 심었다고 한다. 지금은 황련목을 그린 그림(楷圖)만이 남아 있다. 한 사람을 평생을 두고 존경하고 흠모했던 자로도, 그렇게 멋진 사람을 제자로 두어 죽어서도 최고의 스승으로 추앙받는 공자님도 모두 훌륭하신 성인이다.

사랑스러운 우리 아기 유카이가 이름이 뜻하는 것처럼 곧고 강직하게, 넓고 깊게, 그리고 진짜 사랑을 아는 사람으로 자라나길 간절히 소망한다. 부디 황련목처럼 바르고 아름다운, 남에게 도움이 되는 멋진 나무로서 인생을 살아가길.

출처

〈1〉 위키피디아 http://en.wikipedia.org/wiki/Kai_(name)

3. 길들여진 장미에게 돌아간 어린 왕자, 생텍쥐페리와 그의 부인 콩쉬엘로

들어가며

여느 이야기들이 대부분 그러하듯이 어린 왕자는 작가인 앙트안 드 생텍쥐페리의 모습을 많이 닮았다. 작가를 생각하지 않고 읽으면 어느 별나라에서 온 맑고 때 묻지 않은 소년이 연상되지만, 작가를 염두에 두고 보면 밤하늘을 가르며 한 어른 아이가 자신은 원래 우주에서 왔을 것이라 상상하며 비행하는 장면이 떠오르는 것이다. 어린 왕자가 자신의 소행성을 떠나 맨 먼저 지구에 발을 내딛은

《어린 왕자》 출간 60주년 기념 서적. 《생텍쥐페리의 전설적인 사랑》 표지. 앙트안과 콩쉬엘로 드 생텍쥐페리 부부

프랑스 리용에 있는 생텍쥐페리와
어린 왕자의 동상

곳이 사막인 것도, 생텍쥐페리가 '야간비행'
하며 내려다본 미지의 땅이 사막이었던 것과
무관하지 않을 것이다.

어린 왕자와 장미

어린 왕자는 그의 장미를 견디질 못해서
떠났다. 장미는 그의 부인이었던 콩쉬엘로이
다. 끊임없이 아름다움을 뽐냈던 장미는 허영
심이 많았고 그런 만큼 나약했다. 이별을 원
하지 않으면서도 자존심을 세우며 어린 왕자를 가도록 내버려두었다.
물과 유리덮개를 끊임없이 요구하며 어린 왕자의 관심에 목 말라 했던
장미는 울고 있는 모습을 보이고 싶지 않아서, 마지막 순간에 목소리를
떨면서도 어서 떠나라고 독하게 왕자에게 말했다.

왕자가 장미를 떠나던 날 아침은 여느 흔한 이별의 배경처럼 조용하
고 잔잔했다. 왕자는 평소처럼 바오밥나무의 싹들을 뽑아냈고, 장미에
게 물을 주고 유리덮개를 씌워주려 했다. 이 모든 일들이 다정하고 애
틋했으며, 다시는 이 일들을 할 수 없을지도 모른다는 생각에 울고 싶
어졌다. 이별이 가슴 아픈 이유는 이 때문이다. 헤어지려는 한 사람과만
헤어지는 것이 아니라 그를 둘러싼 친숙한 일상 전부와 헤어지는 것이
힘들어서이다.

원래부터 장미가 왕자에게 그렇게 피곤한 존재는 아니었다. 처음 만났을 때 왕자는 장미의 신비한 탄생에 경탄을 금치 못했다. "어느 날 어딘지 모를 곳에서 날아온 씨앗으로부터 싹이 트면서 피어나서…… 세심하게 빛깔을 고르고…… 천천히 옷을 입고 꽃잎을 하나씩 둘씩 다듬은 후…… 자신의 아름다움이 최고로 빛을 발할 때에야 비로소 나타나고 싶어 한" 까다로운 꽃에게 최선을 다했고 그 날카로운 천성을 이해하려고 애썼다. 그러나 어른이 아니고 소년이었던 왕자는 결국 참아내질 못했고, 고독함을 천성으로 지닌 그는 자신의 별을 떠나 색다른 세상으로 여행을 떠나기로 결심했다.

《어린 왕자》 이야기는 이렇게 왕자와 장미의 이별로부터 시작된다. 곁에 있을 땐 그 관계의 버거움을 이기지 못하고 서로 밀쳐내기만 했던 관계가, 끊임없이 요구하고 서로에게 지쳐만 갔던 관계가, 다른 행성들과 지구별을 여행하면서 조심스럽게 탐구되어 나간다. 왕자는 사랑이란, 관계란 무엇인가 하는 화두에 맞닥뜨릴 때마다 장미를 떠올린다. 장미는 그에게 지나간 사랑이면서 동시에 마음속에 영원히 머물러 있는 사랑이다. 수십 수백만 송이의 장미들이 화려하게 피어 있는 정원에서 왕자는 자신의 장미를 떠올리고, 그의 장미가 유일한 꽃이 아니라는 사실에 실망하기도 하지만, 여우를 만나고서 길들여진다는 것에 대해 배우게 되면서, 그가 장미를 사랑하는 것은 그에게 들인 시간 때문이라는 비밀을 알게 된다. 그리고 그 과정에서 여우를 길들이게 되면서 새로운 관계를 또 하나 맺게 된다.

생텍쥐페리와 그의 장미 콩쉬엘로

생텍쥐페리 사후에 발간된 부인 콩쉬엘로의 회고록을 보면, 저명한 작가이며 비행사였던 생텍쥐페리는 항상 그를 칭송하는 여자들에게 둘러싸여 있었다고 되어 있다. "그에게 유일한 찬미자가 되고 싶어 했던 여자들을 …… 그의 파티가 있을 때면 근처 영화관에서 영화를 보거나……" 하는 식으로 콩쉬엘로는 유명하고 자유로운 남편과의 결혼생활을 이어나갔다고 했다. 실제로 어떤 전기작가는 《어린 왕자》의 장미를 콩쉬엘로가 아닌 다른 여인으로 해석할 정도로 생텍쥐페리의 연애사는 그리 단순한 편이 아니었다.

프랑스 툴루즈에서 생텍쥐페리의 모습 (1933)

그럼에도 불구하고 둘은 서로 헤어지지 않고, 싸우고 별거하고 화해하고 다시 상처주고를 반복하면서 십삼 년간 함께 부부로 지낸다. 《어린 왕자》 이야기대로라면 생텍쥐페리는 다른 여인들을 만나고 그들의 화려한 아름다움을 바라보면서, 다소 낡은 듯한 아름다움을 지니고도 당당하게 자존심을 내세우는 자신의 아내를 항상 생각했을 것이다. 그리고 다른 관계를 끊임없이 추구하는 가운데 마음에 품고 있는 '길들여진 관계'에 더욱 탐닉하게 되었을 것이다.

어린 왕자는 장미를 만나기 위해 자신의 소행성으로 돌아간다. 육신은 지구에 두고 영혼만 소행성으로 돌아가는 길을 택한다. 생텍쥐페리는 사막을 비행하던 중 실종되었고, 이후 콩쉬엘로는 영원히 그의 부인으로 살아가게 된다. 왕자의 영혼은 소행성으로 돌아가서 유리덮개가 없이 초라한 네 개의 가시를 오들오들 떨고 있던 장미와 해후했을 것이다. 생텍쥐페리의 영혼은 방황을 접고 아내 콩쉬엘로의 마음속에 머물며 영원한 안식을 얻었을 것이다.

맺으며 – 일상에 길들여지고 사랑을 하다

콩쉬엘로는 자신의 책《장미의 기억》에서 남편이 실종되기 며칠 전 이런 편지를 자신에게 썼다고 말하고 있다.

"나는 빵을 필요로 하듯 당신의 편지를 원하오. 당신을 보호하는 일은 나의 감미로운 의무라오. 당신을 사랑하오."

왕자는 먹고 자고 숨 쉬는 일상처럼 장미의 웃음과 이야기를 필요로 했던 모양이다. 소행성으로 돌아간 왕자는 행복한 마음으로 단순한 일상 – 장미를 보호하는 일을 했을 것이다. 장미의 까탈스러움을 귀엽게 보아 넘기면서 꽃을 돌보는 어린 왕자와 도도한 척하면서도 그에게 기대어 쉬는 빨간 장미의 모습이 그려진다. 사랑하는 이유란 특별해서가 아니라 길들여진 편안함 때문이란 사실을, 어린 왕자는 자신의 별로 돌아가기 직전에 깨달았던 모양이다.

"사랑은 서로 마주보는 것이 아니라, 함께 같은 방향을 바라보는 것이다" – 앙트안 드 생텍쥐페리(1900~1944)

미셀러니 15 깊은 슬픔을 우주에 내려놓다, 〈그래비티〉

중력이 없는 우주 공간에선 모든 것이 가볍다. 아예 무게가 없다. 모든 색(色)은 다 공(空)으로 돌아간다. 반면 지구상에 있는 것들은 중력에 지배를 받는다. 모든 것이 무겁게 땅에 내려앉고 그 무게만큼 스스로 버티면서 살아야 한다. 우주에 머물던 공(空)은 지구로 내려와 색(色)으로 가라앉는다. 우주에서 중요한 것은 몇 가지 없다. 맡은 임무를 정해진 시간에 완수하는 것. 이것은 아무나 할 수 없는 고난이도 기술이긴 하지만, 또 어찌 보면 아주 단순하기 짝이 없는 일이다. 모든 것이 무심히 텅 빈 공(空)이다. 나사를 끼운다거나 선을 연결한다거나 하는 일들을 중력이 없는 공간에서 해야 하므로 아주 골몰해서 일해야 하는 것이다. 그러므로 지구 위에 두고 온 모든 일들을 잊고 일에만 집중하게 되기 마련이다.

영화 〈그래비티〉에서 일리노이 주의 레이크 주어릭(Lake Zurich, Illinois)에 사는 라이언 스톤 박사는 네 살짜리 딸을 잃고 혼자 살고 있다. 병원에서 일하는 그녀는 나사(NASA)에 고용되기도 하는 유능한 인재이지만 누구와도 관계를 맺고 있지 않다. 일을 마치고 난 후 정처 없이 운전을 하면서 노래만 나오는 라디오 방송을 듣고 달리는 게 그녀의 유일한 취미이다. 그녀는 누군가와 이야기를 나누는 것뿐만 아니라 누군가의 이야기를 듣는 것조차 힘들어할 만큼 마음에 벽을 쌓아놓고 사는 사람이다. 그녀는 그래서 선뜻 우주로 갔는지도 모른다. 그곳엔 '소리도 없고, 산소도 없고, 외계인도 없고, 아무것도 없으므로'. 영화 〈그래비티〉의 오프닝에 나온 문구처럼 말이다. 그곳이야말로 그녀의 마음속에 묻어 놓은 깊은 슬픔을 가볍게 털어내기에 가장 적절한 공간이다.

그런데 그녀는 왜 지구에서 버티고 있는가. 살아가는 행복을 누리지도 못하면서 왜 살아야 하는가. 맷 코왈스키의 질문처럼, "저 아래 지구에서 누군가가 하늘을 올려다봐 주면서 내 생각을 해주지 않는데도(Is there somebody down there looking up, thinking about you?)", 왜 살아야만 하는가. 스톤 박사는 우주에서 필사적으로 살아남기 위해 애쓰는 가운데 답을 찾아낸다. 그것은 그녀가 사랑했던 딸의 기억을 마음속에 품고 있기 때문이다. 그녀는 딸을 잃어버렸지만, 아직 마음속에서부터 떠나보내지 못했다. 그녀는 어린이집에 맡긴 딸이 어이없는 사고로 죽은 것을 아직 받아들이지 못하고 있다. 딸이 찾던 빨간 신발을 침대 밑에서 찾고서 그 신발을 부여안고 얼마나 목 놓아 울었을 것인가.

영화는 그런 장면들을 구태의연한 회상으로 보여주지 않는다. 조용한 우주에서 유영하며 스톤 박사는 담담하게 딸을 잃었다는 사실을 말한다. 사실은 살기 위해 얼마 남지 않은 산소로 숨을 쉬며 겨우 발을 옮기고 있는 그녀는 우주에다 슬픔을 털어내어 버린다. 그때 코왈스키가 손에 찬 시계 렌즈를 통해 바라본 스톤 박사의 모습은 아내를 우주에서 잃어버린 것이나 다름없는 코왈스키 자신의 고독한 모습이기도 하다.

우주에선 그렇게 모두가 자신의 고독한 내면을 만난다. 자신의 모든 것을 벗고 가벼워지는 극한의 공간에서 사람은 자신의 감정에, 깊은 슬품에 솔직해진다. 그렇게 우주는 어떤 면에서 코왈스키의 말처럼 "시스템을 끄고 불을 끄면 세상을 차단할 수 있는, 상처줄 사람도 없으니 안전한 곳"이다.

스톤 박사는 자신이 일하지 않고 직접 딸을 키웠더라면 잃지 않아도 됐을까 자책했을지도 모른다. 그랬기에 일하는 자신의 모습이 더 싫었을 수도 있다. 그러나 그렇게 고독과 자책감이 엄습할수록 아이러니하게 그녀는 더욱 자신의 일에 매진하게 됐을 것이다. 그 일이 끝나는 밤이 오면 집으로 돌아가지 못하고 정처 없이 음악만 나오는 방송을 들으며 차를 몰고 돌아다녔을 것이다. 어두운 일리노이의 한적한 국도를 생각에 빠진 채 달리는 스톤 박사의 모습이 쉽게 상상이 간다.

다른 평범한 영화였다면 "나는 운전을 하곤 했어요."라는 스톤 박사의 회상 장면에 국적 불분명한 팝 음악을 배경으로 깔아서 그녀가 운전을 하는 장면을 보여주었겠지만, 〈그래비티〉는 그렇게 하지 않음으로써 그녀의 슬픔에 조의를 표한다. 남의 슬픔을 눈으로 들여다본다고 그 고통의 깊이를 절절이 알 수 있겠는가. 코왈스키의 말처럼 자식을 잃어버리는 것보다 더 슬픈 일이 어디 있다고. 우리는 우주에서 우주복을 입은 채 슬픈 이야기를 담담하게 하려고 애쓰는 스톤 박사의 표정을 보는 것만으로 충분히 그녀 마음속에 담긴 커다란 슬픔을 알 수 있다. 영화가 인간에 대해 배려하고 마음을 감싸 안는 이해심의 깊이가 이러한 장면 구성에서 돋보인다.

평온한 우주에서 임무를 완수하는 것이 가장 중요한 일이라면, 사고로 뒤집혀 버린 우주에서 제일 중요한 것은 산소를 확보하는 것이다. 죽지 않기 위해 숨쉴 공기를 확보하고, 우주 미아가 되지 않기 위해 몸을 눕힐 수 있는 에어로크(air lock)나 비행할 수 있는 소유즈(soyuz)를 확보하는 일이 가장 중요하다. 생존이 모든 것에 우선시되는 것이다.

이 생존은 당위인가? 영화는 무심코 질문한다. 널리 믿어지는 것처럼 우리의 목숨은 반드시 지켜져야만 하는 것인가. 우리는 살기 위해 마지막 순간까지 우주복에 산소를 공급하고 우주선에서 불을 끄고 몸을 던져 탈출을 감행하며 꼭 살아남아야만 하는 것인가. 그냥 어느 순간에 이름 모를 이국의 노래와 개 짖는 소리, 아기의 울음소리를 들으며 조용히 눈 감으면 안 되는 것인가 말이다. 이 궁극적이면서도 원초적인 질문에 〈그래비티〉는 보다 단순하게 감각적으로 해답을 풀어나간다. 모든 것을 포기하고 죽음을 기다리는 스톤 박사에게 꿈으로 나타난 영상은 코왈스키의 목소리로 살아야 하는 이유를 얘기한다.

돌아갈 것인가 말 것인가 그것은 당신의 선택이다. 계속 살아야 할 이유도 없겠지만, 그래도 계속 가기로 했으니 그 결심을 따라가는 거다. 한번 살기로 했다면 앉아서 즐길 것. 두 발로 버티고 서서 제대로 살아갈 것.

"라이언, 이제 집으로 돌아갈 시간이야." 코왈스키의 목소리를 끝으로 스톤 박사는 죽음의 입구에서 잠을 깨고 돌아 나온다. 생존은 당위라기보다는 더 나은 선택인 것이다. 우리는 살아가기로 했기 때문에 사는 것이다. 다만 중요한 것은 그 과정을 즐기며 제대로 살아가야 한다는 것이다.

제대로 우주선 조작을 배우지 않았고, 거기다 중국말도 모르는 라이언에게 탈출을 위한 우주선 착륙 시도는 무모하기까지 하다. 그러나 아무것도 해보지 않고 포기할 수는 없다. 아무것도 하지 않아도 우주에서 먼지가 되는 것은 마찬가지이다. 나를 놀리는 거냐며 커다란 소리로 우주선에서 고함을 치던 라이언의 소리는 우주 밖에서 듣기엔 '소리 없는 아우성'에 불과하다. 착륙을 시도하다 불에 타서 죽건, 운 좋게 땅을 다시 밟게 돼서 레이크 주어릭 옆 술집에서 모험담을 늘어놓건 간에 우리의 이 지난한 삶은 계속되어야만 하는 것이다. 살기 위한 시도를 절대 포기해서는 안 되는 것이다. 우리가 한번 태어난 이상, 우리에게 주어진 생명을 경외해야 할 책임이 우리에게 있는 것이다.

자신의 모든 것을 벗어던진 라이언은 "자, 집으로 돌아가자. 아주 엄청난 여행이었어."라고 말하며 힘차게 조종간을 당긴다. 그녀의 이 한마디에 그녀가 우주에서 겪었던 사투(死鬪)는 그녀가 포기하고 던져놓았던 자아를 되찾는 여정(旅程)으로 변한다. 여러 번 우주 미아가 되어 목숨을 잃어버릴 뻔한 절대절명의 순간을 통해 살아도 사는 것이 아니었던 지구에서의 삶이 의미를 되찾게 된다. 오즈의 세계에서 온갖 죽을 고비를 넘기고 삶의 본질을 깨달은 후 뒷굽을 세 번 딱딱딱 부딪치며 집으로 돌아가는 도로시처럼 그녀도 집으로 돌아간다. 기꺼이 집으로 돌아가 성장한 자아를 쉬게 하기 위해 라이언도, 도로시도 엄청난 여행을 해야만 했던 것이다.

라이언의 여행은 보다 전투에 가까워서 마음속에 묻어 놓았던 깊은 슬픔을 우주에 버리고 삶을 재탄생시키는 과정이었다. 다시 사람답게 살아가기 위해, 성숙한 삶을 영위하기 위해 그녀는 필연적으로 이 모든 고난을 겪어야만 했던 것이다. 우주 속에서 위험한 파편을 피하고, 내면의 고독과 싸우고, 우주선 안에서 불에 맞서고, 지구로 돌아와 물을 헤치며 그녀는 비로소 한 사람의 인간으로 성장할 수 있었다.

지구의 땅을 다시 밟고 흔들거리는 몸을 가누며 우뚝 서는 그녀의 발은 자신과 싸워 이긴 용감한 전사의 발이다. 그녀의 발부터 머리까지 우뚝 선 그녀의 모습을 비추는 카메라는 코왈스키가 라이언의 꿈에서 말했던 것을 시각적으로 재현해 낸다.

"한번 살기로 했다면 두 발로 버티고 서서 제대로 살아갈 것."

비틀거리며 라이언은 제대로 된 삶의 첫발을 내딛었다. 깊은 슬픔을 우주에 묻고서 집으로 돌아가는 엄청난 여행은 이 영화의 끝에서부터 시작된다.

어린 왕자는 우주에서 지구로 여행 왔다가 우주로 돌아갔고, 라이언은 지구에서 우주로 도망쳤다가 지구로 돌아갔다. 두 사람 모두 자기 별을 떠난 후 '집으로 돌아가는 엄청난 여행'을 했고, 각자의 별로 돌아갔다. 어린 왕자에겐 지구가, 라이언에겐 우주가, 자아를 찾는 공간이 되었다.

4. 고독 속에서 피어난 인류애, 사랑을 잃어도 삶은 계속된다 - 가브리엘라 미스트랄

들어가며 – 세 번 사랑을 잃고도 더 뜨겁게 생을 사랑하다

라틴 아메리카 최초의 여성 노벨문학상 수상자인 미스트랄은 시인이자 교사로, 외교관으로 전 세계를 돌며 수많은 사람들을 구했고 또 그들로부터 아낌없이 사랑받았다. 그러나 이렇게 완전무결해 보이는 그의 삶은 사실 결핍 위에 기반을 두고 있었다.

그의 삶에는 가장 중요한 세 남자가 없었다. 아버지가 그의 나이 고작 세 살 때 식구들을 버렸다가 혼자 쓸쓸히 죽었고(1892), 이

가브리엘라 미스트랄(1889~1957)의 모습

후 처음 순정을 주었던 첫사랑 로멜리오 우레타가 자살해 버렸다(1909). 그리고 나중에는 친자식처럼 사랑했던 수양아들이자 조카인 후안 미겔이 자살했다(1943). 계속되는 상실은 그를 비탄에 빠트렸으나 그는 결코 바닥까지 좌절하진 않았다.

그는 시를 썼고, 시 속에서 자신의 슬픔을 예술로 승화시켰다. 혼자 사는 쪽을 택했으되 세상과 담을 쌓은 것은 아니었다. 오히려 그는 예술과 더불어 외교관이란 직업을 통해 끊임없이 세상과 소통했고, 어린이들과 억눌린 자들을 사랑하는 데 한평생을 바쳤다. 사랑에 버림받는다고 해서 생이 거기서 끝나는 것은 아니다. 오히려 버림받아 본 경험이 있기에 사랑받지 못하는 사람들의 아픔을 더 잘 이해할 수 있다. 내 앞에 놓인 삶을 더 뜨겁게 사랑할 수 있게 된다.

아버지의 부재에서 배운 완전한 결핍

미스트랄이 아버지와의 관계가 건강했더라면 이후 열일곱 살부터 스무 살까지 사랑했던 연인의 죽음에 그토록 충격을 받지 않았을지도 모르겠다. 아버지와 사별하고 성장해도 올바른 남성성의 모델을 찾지 못해 방황하기 쉬운데, 아예 아버지로부터 버림받는다는 것은 어린 나이에 감당하기 쉬운 일이 아니다. 게다가 그가 살아있다면 그를 미워하는 힘으로 버틸 수라도 있지만, 아예 세상에 존재하지도 않을 땐 원망할 곳조차 없어진다. 무조건적인 사랑을 기대해도 모자랄 대상으로부터 미스트랄은 완전한 결핍부터 배운 것이다.

사랑했던 연인과 수양아들의 자살, 태생적 고독

스무 살에 우레타가 생을 자살로 마감하지 않았더라면 미스트랄은 시를 안 썼을까. 그의 부친이 방랑 시인이며 학교 선생이었다는 것을 생각해 보면 미스트랄은 분명 예술가의 유전자를 물려받은 것으로 보인다. 그러니 우레타를 만나지 않았대도 시를 썼겠지만, 내용은 분명 크게 달랐을 것이다. 이십대 초반부터 죽음으로 인한 상실과 비애를 작품으로 써내진 않았을 것이다. 그러나 그랬더라면 그 이후 발견하는 삶에 대한 의지, 애착, 인류애가 담긴 그의 명작들이 따라오지도 않았을 테니, 어찌 보면 맨 처음 사랑했던 연인의 죽음은 미스트랄에게 운명이었다. 우레타는 철도 노동자였고 횡령 혐의를 받다가 결국 자살을 택했다.

세상에 태어나 처음 만난 피가 섞인 남자—아버지로부터 버림받았던 미스트랄은, 이후에 피가 섞이지 않은 남자로 처음 만나 사랑했던 연인에게 다시 버림받은 셈이었다. 둘은 미스트랄을 자기 생의 뒤에 남겨두고 떠나 버렸다. 남겨질 미스트랄의 비애에 대해선 생각하지 않은 채 자신들만 생각하고 사랑을 저버렸다. 이후 노년에 친아들처럼 사랑했던 미겔마저 자살하고 그를 떠나 버렸으니 미스트랄의 삶은 개인적으로 깊이 사랑받았다고 말하긴 어려울 것 같다. 그러나 이런 태생적 고독이 바로 그의 작품 세계의 근간이 되는 것이니 생이 얼마나 아이러니한 것인가.

완전무결한 예술성의 추구

미스트랄은 1914년 자신이 겪은 상처와 고뇌를 담은《죽음의 소네트(Sonetos de la muerte)》를 발표하면서 명성을 얻기 시작했다. 이후 1922년에 발표한《비탄(Desolacion)》은 진일보하여 고통의 단순한 비극성을 넘어선 위로와 안식을 노래하고 있다. 이렇게 시작된 그의 작품세계는 1945년 노벨문학상을 수상하며 절정에 이르게 됐다. 이때 노벨위원회는 그를 수상자로 선정한 이유를 다음과 같이 밝혔다. "라틴 아메리카의 이상주의적 소망을 작가의 이름으로 대치할 수 있을 정도로 확고하게 만든 그의 강한 서정시들을 높이 평가하는 바이다." 이렇듯 그가 겪

《비탄》1922의 속표지 〈1〉

었던 개인적 사랑의 상처는 그로 하여금 종교적 경지에 이르는 사랑을 깨닫게 했다. 그는 평생 작품 활동과 외교 활동을 통해 참되게 약자들을 사랑하였고, 그들을 향해 무한한 모성애와 희생적 사랑을 베풀었다. 그의 작품《예술가의 십계명》을 보면 그가 어떤 마음으로 예술을 대하고 있는지, 그가 말하는 보편적 사랑이란 것이 어떤 것인지, 그가 추구하는 완전무결한 예술성이란 것이 어떤 것인지 잘 알 수 있다.

맺으며 – 예술가의 십계명

예술이 그를 구원했고, 그는 인류를 사랑했다. 삶의 본질에 한껏 다가선 예술이 사랑을 잃은 그의 마음을 위로했고, 치유받은 그가 사랑받지 못한 다른 이들에게 자애로운 사랑을 베풀었다.

이번 글은《예술가의 십계명》전문을 소개하며 마칠까 한다. 나는 여덟 번째에 크게 감동받았다. "한 생명을 잉태하듯 내 피를 바쳐서 작품을 남기는 것"은 어찌 보면 예술이라는 태양이 뜬 쪽으로 고개를 돌리고 살아가는 응달의 해바라기 예술가라면 누구나 꿈꾸는 감동적인 생산의 순간이 아닌가 말이다.

〈예술가의 십계명〉
첫째, 우주 위에 존재하는 신의 그림자인 아름다움을 사랑하라.
둘째, 무신론적 예술은 존재하지 않는다. 창조주를 사랑하지 않을지

칠레 화폐와 우표에 새겨진 미스트랄의 초상

라도 그와 유사한 존재를 만들어놓고 그를 섬겨라.

셋째, 아름다움을 감각의 미끼로 주지 말고 정신의 자연식으로 줘라.

넷째, 방종이나 허영을 위한 구실로 삼지 말고 신성한 연습으로 삼으라.

다섯째, 잔치에서 너의 작품을 찾지도 말 것이며 가져가지도 말라. 아름다움은 동정성이며 잔치에 있는 작품은 동정성이 결여되어 있기 때문이다.

여섯째, 너의 가슴 속에서 너의 노래로 끌어올려라. 그러면 너의 가슴이 너를 정화할 것이다.

일곱째, 너의 아름다움은 자비라고 불릴 것이며 인간의 가슴을 기쁘게 해줄 것이다.

여덟째, 한 어린아이가 잉태되듯 네 가슴속 피로 작품을 남겨라.

아홉째, 아름다움은 너에게 졸리움을 주는 아편이 아니고 너를 활동하게 하는 명포도주이다.

열째, 모든 창조물 중에서 너는 수줍어할 것이다. 너의 창조물은 너의 꿈보다 열등했으며 동시에 경이로운 신의 꿈인 자연보다도 열등하기 때문이다.

출처

<1> Camino Otonal, http://caminootonal.blogspot.kr/2014/01/la-patina-del-tiempo-recordando.html

미셀러니 16 미스트랄의 블로그 카페 Since 2001

누구에게나 단골인 밥집, 찻집, 술집 등이 하나씩은 있다.

내가 스무 살 때 자주 가던 강남역의 한 허름한 건물 2층에 있던 커피숍 사카는 작고 어두운 곳이었는데, 단짝 친구와 나는 항상 그곳에서만 만났다. 그 찻집은 손님도 별로 없고 장사도 잘 안 되는 곳이었으나, 우리는 약간 어두운 분위기를 풍기던 그곳 여주인을 이유 없이 좋아했다. 긴 생머리를 늘어 뜨리고 우울한 표정을 한 채 잘 웃지도 않던 삼십 대 중후반 정도의 여주인은 이십 대 풋내기 처녀들에게는 그 어떤 동경의 대상이었다. 얼마나 인생을 살면 저렇게 그 맛을 다 안다는 표정을 지을 수 있는 것일까. 어서 서른이 되고 싶다던 친구는 그 여주인이 카운터 뒤에서 살풋살풋 움직이며 커피를 내릴 때마다 입을 약간 벌린 채 감탄사를 입에 물고 쳐다보곤 했었다.

우리는 그곳에서 블루마운틴 커피나 아이스크림이 퐁당 들어간 비엔나 커피 같은 것을 시키곤 했다. 여주인은 커피를 맛나게 타서 내왔는데, 우리 테이블에 놓을 때마다 싱긋, 아주 엷게 웃어 주곤 했다. 우리가 그녀를 동경했듯이, 아마 그녀도 우리와 같은 시절을 그리워했을지도 모르는 일이다.

가끔 그녀가 대낮에 그곳에 있는 것이 별로 바람직하지 않을 것 같은 남자들과 수다를 떠는 모습을 보기도 했는데, 친구는 마치 자기 이모가 바람이라도 피운 것처럼 그 모습에 혀를 끌끌 차며 안타까워했었다. 남자들과의 이야기에 즐거워하면서도, 그 웃음은 정작 그녀의 심장이 웃는 것이 아니라 허공에 먼지처럼 흩어지곤 했었다. 그런 그녀를 보면서, 나는 그녀가 피치 못할 사정으로 이혼해야만 했을 것이고, 생계를 위해 원하지 않는 커피숍을 열어야만 했던 것이 아닐까 하고 혼자서 소설을 쓰곤 했다. 서로 학교가 달랐던 친구와 나는 대학교 3학년이 되면서 조금씩 멀어졌고, 만나는 횟수도 줄어들어 갔다. 4학년쯤 되었을 때 오랜만에 만난 친구와 나는 자연스럽게 사카로 발을 옮겼지만, 그곳은 사라지고 없었다

사카말고도 내겐 사람과 얽힌 추억을 불러일으키는 장소가 몇 군데 더 있다. 내 이십 대의 마지막 연인이자 친구였던 규와 철학을 이야기하던 산꼼장어집은 우리가 헤어지고 나서도 고맙게도 5년 정도 더 장사를 해주었지만, 규가 아프리카로 떠나고 난 후 나 혼자 찾아가 봤을 때는 불경기를 이기지 못하고 결국 문을 닫고 없었다.

아버지와 어머니가 헤어진 후, 아버지를 가끔 만나던 커피숍 티티카카도 사라졌다. 생각해 보면 아버지를 커피숍에서 만난다는 것 자체가 웃기는 일이다. 아버지도 나도 그 점을 몹시 싫어했던 것 같다. 그래서 우리는 만날 때마다 어색했고, 남처럼 여겨지는 우리 사이를 인정하고 싶지 않아 했었다. 그 커피숍은 바로 옆에 구 뉴스타 호텔이 있어서 낮에 불륜 행각을 일삼는 곧 썩은 남녀들로 가득 차 있었는데, 그런 소돔 같은 곳에 아빠와 내가 둘이 앉아 있다는 사실이 내겐 셰익스피어의 출생 비극처럼 여겨지곤 했었다. 티티카카 안에서 좋은 일은 하나도 없

었는데, 그 이름은 잊히지 않는다. 그 커피숍을 가끔 찾아가던 일상은 설명할 수 없는 사무침으로 내 가슴에 남아 있다.

길을 가면서 예쁜 공간 인테리어를 한 가게들을 지나칠 때, 간혹 since 1997, since 2004 이런 간판들을 보곤 한다. 그 상점이 얼마나 오래도록 고객과의 신뢰를 유지하면서 자신들의 전통을 지켜 왔나 보여주는 자랑스러운 표식이다. 가끔 since 2014 이런 간판을 볼 때면 웃음이 터지기도 한다. 너 갈 길이 구만 리로구나.

미국에는 그런 놀라운 곳들이 더 많다. 내가 공부하고 일하는 학교 건물만 해도 1900년을 전후로 지어진 유럽 양식 건축물이다. 아스토리아에 갔을 때엔 "We serve since 1910. (우리는 1910년부터 영업중입니다.)" 란 간판을 내건 골동품 상점을 보고 놀라기도 했다. 저녁을 먹었던 식당은 그리스계 여주인이 운영하고 있었는데, 그녀는 이민 온 할아버지와 아버지를 거쳐 삼 대째 식당을 운영 중이라고 자랑스럽게 메뉴판에 자신들의 역사를 광고하고 있었다.

그러나 이러한 관찰을 가지고 두 나라를 비교하는 것은 무의미한 일이다. 두 나라는 역사적 토양이 판이하게 다르다. 근간에 격변의 현대사를 겪은 우리나라에서 한 가지 비즈니스를 백 년 이상 한다는 것은 쉽지 않은 일이다. 전통 산업들을 전수하고 계승하는 이 땅의 모든 명인들은 정말 대단하신 분들임에 틀림없다.

우리나라는 심지어 인터넷 자리도 불안정하다. 나는 애초에 2001년 네띠앙에 자리를 잡았으나, 이후 네띠앙이 도산을 맞으면서 떠밀리듯

네이버 블로그로 이사를 왔다. 블로그를 열심히 하게 된 것은 약이 되었지만, 정성을 쏟았던 홈페이지를 잃는 아픔은 홍수로 인해 집이 수몰된 이재민의 충격에 비할 만했다. 정리하자면 내 자리는 2001년부터 시작되었으나, 건물주가 도산하는 바람에 살고 있던 건물에서 쫓겨났고, 그 바람에 2003년 블로그로 옮겨서 14년째 계속되고 있는 셈이다. 이만 하면 꽤 사연도 있고 역사도 있는 편인가 싶다.

14년간 수많은 사연들을 받고 읽고 함께 울고 떠나보냈다. 만나고 있는 사람이 어떤 사람인가 결혼해도 좋겠는가 보아 달라는 메일은 참 귀여운 청탁이다. 삼 년을 함께 산 부인과 이혼하려 한다는 이두오 씨연도 있었다. 나는 그의 말을 들어주는 것 말고 달리 할 일이 없었지만, 그는 힘이 되었다고 했다. 이십 대 후반 늦은 나이에 유학을 가고 싶어 하는 독신 여성들은 내가 유학 게시판에 글을 올리기 시작한 이후 끊이지 않고 이곳을 찾는 단골들이다. 이 진보적인 여성들에게 나는 사카의 여주인처럼 신기하게 비쳐 보인 걸까.

마음이 아픈데 당장 기댈 곳을 찾지 못하는 사람들도 내게 많이들 왔다. 사람들은 본능적으로 누가 자기 말을 들어주는지 그렇지 않은지를 알고 있다. 그들은 대체로 마음을 여는 데 익숙하지 않은 사람들이고 상처가 많다. 아무리 나라고 해도 눈을 마주치고 보았더라면 털어놓지 않았을지도 모르는 이야기들을 사람들은 조심스럽게 내게 들려주곤 눈시울을 붉히다 갔다.

미스트랄의 카페 같은 블로그 '자유로운 영혼, 시름 잊은 나들이'는 이런 곳이다. 누구나 자기 이야기를 해도 좋은 곳, 여주인 스스로가 상처가 무엇인지 알기에 날카로운 감수성을 평생 돌로 무디어지도록 갈며 삶을 고민하는 곳이기에, 그냥 조건 없이 자기 가슴을 보여주고 가면 되는 곳이다. 여주인은 가끔 훌쩍 여행을 떠나버리기도 하고, 자기 이야기를 많이 쏟아놓다가, 제멋대로 울지 않으면 깔깔 소리내어 웃기도 하는, 약간은 괴상한 여자이다. 하지만 여주인 스스로 그런 모습을 보여주면 들르는 사람들이 부담 없이 즐길 수 있다는 것을 알기에 기꺼이 괴팍하게 군다.

팔 년 전 처음 만났던 세라 양이 사 년이 지나서 결혼을 하고 아이 엄마가 되었다는 기쁜 소식을 전해 왔을 때 이런 생각들을 했었다. 아, 나는 이곳에 오래된 이야기 카페를 열고 있구나. 나는 사람들에게 14년이나 이야기와 차를 권해 왔구나. 사람들은 이렇게 생각이 날 때 불쑥 나를 찾아오고, 그가 나를 만났던 때의 그 시간을 떠올릴 수 있는 거구나.

십 년 전에 만났던 미미언니 양도 비슷한 시기에 내게 메모를 보냈었다. 밝고 명랑하던 그녀는 아직도 뉴욕에 있다. 시애틀에 꼭 한번 와보고 싶다던 그녀는 여전히 뉴욕을 떠날 수가 없다. 그리고 나는 이제 시애틀을 떠나서 서울에 와 있다.

미스트랄의 블로그 카페는 이제 14년이 되었다. 나는 내가 만났던 인연들을 위해 이 카페를 오래도록 운영할 생각이다. 내가 좋아했던 가게들을 오랜만에 찾았을 때, 다르게 변해 버린 공간 때문에, 굳게 닫힌 냉정한 문 때문에, 먹먹해진 가슴을 안고 발길을 돌렸던 경험을 내 카페를 찾는 사람들에게는 주고 싶지 않다. 상처는 나 하나로 족하다.

나는 이곳에 있을 것이고, 내가 생각나는 사람들은 언제고 나를 찾아오면 된다. 언제 오더라도 우리의 이야기는 지난 번 나누었던 그 이야기 그 시점에서 다시 시작하게 될 테니까 문제 없다. 아마 나중에 십 년쯤 더 흘렀을 때 여러분이 이곳으로 '시름 잊은 나들이'를 한다면, 우리는 오늘에 대해 이야기할 수 있을 것이다.

지음 필명을 미스트랄로 정한 것은 안폰스 두데의 소설에 영향을 받아서였다. 《코르니유 영감의 비밀》에 나온 프로방스 지방의 북서풍인 미스트랄의 이름을 가져왔다. 소설에서 미스트랄은 마지막까지 풍차를 돌리는 자연주의 상징이었다. 정하고 나서 나중에 남성 독자들과 교류하면서 프랑스제 지대공 미사일 이름이 미스트랄이란 걸 알게 됐다. 바람처럼 빠른 미사일이란 이름이니 참 잘 지었다. 뜻하지 않게 필명 덕분에 남자로 오해받은 적도 꽤 많았다. 필승! 좀 더 시간이 지나자 아주 자연스럽게 프레데리크 미스트랄과 가브리엘라 미스트랄에 대해 알게 됐다. 프레데리크 미스트랄은 프로방스 지방에서 태어나 그 지역의 문화와 언어 부흥에 힘쓴 인물이다. 가브리엘라 미스트랄은 라틴 아메리카가 가장 자랑스럽게 생각하는 시인 중 한 사람이다. 두 문학가는 각각 1904년과 1945년에 노벨문학상을 받은 바 있다. 너무 무게가 큰 이름을 필명으로 정했다는 걸 나중에야 알게 됐지만, 이름을 바꾸기에도 이미 늦었으니 두 대작가의 이름에 누가 되지 않도록 열심히 쓸 수 밖에. 마음이 끌려서 지은 이름이 이렇게 큰 부담으로 다가오리라곤 생각도 못했었다. 그렇지만 자꾸 쓰고 남들에게 불리면서 미스트랄은 자연스럽게 내 이름이 되어갔다. 이미 14년을 썼으니 만 번은 족히 넘게 불렸을 것이다. 내 글을 먼저 읽고 가까워진 벗들은 지금도 나를 본명보다는 필명으로 부르길 즐긴다. 위상이야 노벨문학상 수상자들하고 비교 자체가 불가하게 낮지만, 나는 오늘도 '한국의 미스트랄'이 되길 꿈꾸면서 열심히 쓰고 있다. 우기다 보면 되겠지.

에필로그

이 책《착한 불륜, 해선 안 될 사랑은 없다》를 써 나가면서 맨 처음 가졌던 의문은 '불륜과 성장이 공존할 수 있는가'로 좀더 구체화되었다. 불륜은 반드시 사람의 삶을 파괴하기만 하는 것일까. 불륜에 빠진 사람은 다시는 그의 순수함을 회복할 길이 전혀 없는 것일까. 책을 쓰면서 나는 불륜 자체가 나쁜 것이 아니라 인간은 그런 불안한 감정을 겪을 수밖에 없는 나약한 존재이기 때문에 이러한 관계의 부조리가 발생한다고 생각하게 됐다. 다만 그 위태로운 상황에서 돌아나오지 못한 자는 파멸하나, 그 상황을 위기로 받아들이고 거기서 파생된 위험한 감정과 관계를 현명하게 극복해낸 사람은 더 크게 성장할 수 있는 계기를 만들기도 하는 것이다.

이런 생각을 품고 우리에게 잘 알려져 있는 위인들의 삶을 들여다보니 놀랍게도 수많은 불륜들이 눈에 보였다. 나이 많은 유부남인 하이데거를 사랑했던 한나 아렌트는 그 사랑 덕분에 유능한 정치철학자로 성장하는 초석을 마련했고, 스승의 아내인 클라라 슈만을 사랑했으나 거절당했던 브람스는 고독과 좌절감으로 자신의 음악 세계를 한층 더 발전시킬 수 있었다. 모성으로 넘치는 조르주 상드와 그의 딸을 동시에 사랑했던 쇼팽은 상드와 함께 있는 동안 인류가 영원히 기억할 만한 명작들을 남겼다. 유부남이었던 유치환은 청상과부였던 이영도를 사랑하

여 온 한국인의 심금을 절절히 울린 '사랑하였으므로 나는 행복하였네'
라'는 명싯구를 남겼다. 나는 불륜이 개인에게 절대적인 사랑으로 받아
들여지는 과정, 거기서 발견되는 멈출 수 없는 감정, 그리고 그 역설적
상황을 해결해 나가는 인간적 모습을 탐구해서 글로 남기고 싶었다. 이
네 가지 불륜에서 파생된 성장, 혹은 인류가 기억할 만한 사랑을 1장으
로 묶었다.

나는 불륜 말고도 다른 금기시되는 사랑들로 관심의 영역을 넓혀 보
았다. 종교인의 생명과도 같은 계율을 어기면서 요석공주와 연을 맺었
던 원효대사, 한 남자를 사랑한 나머지 목숨까지 버렸던 모딜리아니의
여인 잔느 에뷔테른, 왕족에게 존재의 이유와도 같은 왕위를 포기하면
서까지 한 여자를, 그것도 다른 남자의 부인이었던 여자를 아내로 맞아
들인 에드워드 8세, 두 번만 해도 욕 먹을 결혼을 네 번이나 하면서 자
신의 진짜 사랑을 찾아 헤맸던 헤밍웨이, 이들은 사회적 통념에 두려움
없이 맞섰고, 자신의 사랑에 모든 신념을 걸었다. 이들의 이야기가 2장
이 되었다.

거기서 관심의 영역은 불륜과 상치될 만한 부부의 인생과 사랑으로
옮겨갔다. 3장 속 이야기는 그들이 사랑을 지키기 위해 어떻게 세상에
대한 투쟁을 전개해 나갔는가로 초점이 맞춰졌다. 마리 퀴리는 피에르
퀴리와 함께 연구하면서 인류사에 길이 남을 훌륭한 연구 업적을 거두
었지만 외국인이면서 여성이라는 차별의 벽을 넘는 것이 결코 쉽지 않
았다. 헬렌 니어링은 자신의 이념을 공유할 수 있는 최고의 동반자인

스콧 니어링을 찾아냈지만, 그는 아버지의 친구였기에 헬렌은 평생 아버지를 다시 볼 수 없었다. 도미의 처는 개로왕의 횡포에 맞서서 도미와의 사랑을 택했지만, 그로 인해 남편은 장님이 되었고 두 사람은 평생 타지에서 구걸하며 인생을 마쳐야만 했다. 박에스더는 구한말의 여성이라는 한계를 과감히 극복해 내고서 박유산과 함께 세상을 구하는 꿈을 꿨지만, 그만 남편을 폐결핵으로 잃는 비극을 겪고 말았다. 부부의 사랑을 지키는 데에도 대가로 치러야 할 것이 결코 적지 않았다. 그러나 역으로 말하면 그만큼 그들의 사랑은 확고하였고, 그들이 부부로 맺어질 것 또한 운명적이었다고 말할 수 있다.

마지막 장에서 다룬 보다 평온할 것같이 생각되는 보편적인 사랑에서도 불안한 요소들은 발견됐다. 아름다운 모성과 광기 어린 집착의 중간 어디에 있는, 로렌스를 향한 그의 모친의 애정, 반듯하고 귀감이 되는 어머니이자 예술가로서의 삶을 살았지만 그 안에서 끊임없이 자신의 삶을 지키기 위한 투쟁을 벌였던 외로운 여인 신사임당, 어린왕자를 통해 보이는 생텍쥐페리의 자아로 돌아가는 여행과 부인 콩쉬엘로를 향한 애정 간의 갈등, 그리고 세 가지 사랑의 결핍 때문에 얻게 된 고독을 사람에 대한 사랑으로 승화시킨 가브리엘라 미스트랄의 인류애 등을 보면, 이 세상 어디에도 결코 쉽게 얻어지는 사랑이 없다는 것을 새삼 되새기게 된다.

네 개의 장에서 다루어진 열여섯 편의 인문 에세이를 쓰는 과정은 결코 쉽지 않았다. 이야기의 소재 자체가 논란의 여지가 많은 데다가,

실제로 존재했던 사람들이 했던 인생의 선택을 놓고 냉정하게 그들이 놓였던 상황을 판단하되 그들의 인간적 고뇌를 깊이 이해해 나가는 것은 어찌보면 비논리적이고 불합리한 일이었기에 나는 글을 쓰면서 자주 갈등을 느꼈고 가치판단에 혼란을 겪었다. 마치 불안정하고 반사회적인 인물을 연기하도록 주문받은 배우처럼 나는 가끔 이야기 속 인물들이 겪었던 흔들리는 사랑에 물들거나 꼭 그들이 그랬을 것처럼 감정이 격해지기도 했다.

그러나 그러한 감정이입이 계속되어 갈수록 내 상태도 자연스럽게 진정이 되어 갔고, 글을 완성해 나갈수록 그들이 겪었던 일련의 소용돌이는 분명 그들에게 사랑이었고, 어떤 형태로든 성장의 계기가 되어 주었으리란 확신을 갖게 됐다. 누가 뭐라고 하든지 간에, 그 사랑 때문에 내 온 세계가 다 부서질지언정, 내가 가진 전부를 내어 주어야 하는 상황에 처하게 될지라도, 그들은 제 사랑의 대상을 열렬히 사랑하고 있었다. 사랑 이후에 온 사건들은 엄연히는 그 사랑 자체와 무관한 일이었다.

그래서 나는 원고를 마치면서 '해선 안 될 사랑은 없다'라고 제목에 한 구절을 더 적어 넣었다. 부디 이 책을 읽는 모든 이들에게도 자신의 온 세상을 송두리째 뒤흔드는 열애의 순간을 한 번쯤은 자기 인생에서 겪어보는 행운이 따르길, 그 사랑이 자신만의 에세이가 되어 영원히 이 책과 함께 기억될 수 있길 진심으로 바라며, 이 책의 마지막 페이지를 닫는다.